私は共産党員だ！

シン・日本共産党宣言 II

松竹伸幸

文春新書

1461

まえがき

二〇二三年一月一九日、私は東京都内で記者会見を行った。刊行したての『シン・日本共産党宣言』（文春新書）の内容を説明するためである。

『シン・日本共産党宣言』は、一言で言えば、私が所属していた日本共産党と国民の関係を近しいものにすることをめざしたものだった。例えば、党員すべてが投票できる党首公選を提唱しているが、それは共産党の党内に異論が存在し、活発な議論がされている様子を国民に可視化することになるので、党に親しみをもってもらうための大事な手段だからだった。議論すべき異論の一つとして提起した「核抑止抜きの専守防衛」という安全保障政策は、党の独自性を保持しつつ、他の野党との政権共闘の障害を乗り越えるために不可欠であった。「左側の自民党」になろうと提示したのも、党の理念を大切にする一方で、大胆な妥協をいとわない姿勢が、政権に近づくために大事だと感じたからだ。

会見の一カ月ほど前から、私はいくつかのメディアの共産党担当記者と接触していた。記者の多くも、自民党が追い詰められているのに野党にはそれを崩せる力がない状況に切《せっ》歯《し》扼腕《やくわん》しており、共産党の変化が野党共闘を前進させるカギだと考えていた。だから私の記者会見の模様は広く報じられることになる。

ところが、その後の共産党の対応は、想像を絶するものとなっていく。

「赤旗」での批判、規約違反での調査、そして除名

記者会見の翌々日（二一日）には、共産党の機関紙「しんぶん赤旗」（以下、「赤旗」）に、私を批判する藤田健氏（「赤旗」編集局次長）の論文が掲載される。「規約と綱領からの逸脱は明らか――松竹伸幸氏の一連の言動について」というタイトルだ。私が本で提起したことは、現在の党中央の考え方と違うところはあるにしても、党の綱領と規約を何度も熟読し、それを豊かにするものだと確信して刊行したのであり、私に言わせれば、藤田氏こそ綱領や規約を読んでいないのではと思わせるものだった。

だが、個人名の論文とはいえ、これほどまでに時間をおかずに対応するということは、こちらも多少の覚悟はしておかねばと感じた。それにしても、藤田論文が掲載された翌々日（二三日）には、党の事実上の最高指導機関である常任幹部会が開かれて論文の「的確」さが確認され、さらにその翌々日（二五日）には、私の所属する京都南地区委員会の

河合秀和委員長から電話があり、「あなたの規約違反の疑いがあるので調査する」と告げられるとは、予想を超える素早さと言えた。

一方で、「まさか除名まではされないだろう」という思いもあった。半世紀近く党員として真面目に活動し、会議への参加や党費の納入も欠かしたことのない党員に対して、いくら党中央の気に入らない本を出したとはいえ、それだけの理由で最高の処分である除名を科すなどあり得ないことだと考えていたのである。処分のなかでも権利停止とか警告などに止《とど》まると予想していた。

けれども、二月二日に実施された京都府委員会と南地区委員会の合同調査をふまえ、五日夜に地区委員長から告げられたのは、「除名」の二文字であった。それを電話で連れ合いに伝えたところ、「性犯罪を犯した党幹部と同じなのね」とあきれていた。ちょうどその直前、共産党の千葉県委員会の書記長が女子高生の盗撮を行って検挙され、党から除名されたことを思い出したのだろう。二〇〇〇年に「双方向・循環型」をうたう新規約が制定されて以降、政治的主張を理由に除名されたのは、おそらく私が唯一であった。

党大会での除名再審査を求めたが

除名の翌日（二月六日）、私はもともと予定されていた日本記者クラブでの講演に臨んだ。当初は、『シン・日本共産党宣言』の内容を説明しつつ、党首公選が実現した場合に私が何をするかを表明するつもりだったが、党から除名された直後の話としては、あまりに現実離れしている。それでも、日本の政治を少しでもまともなものにする上で、共産党の役割が欠かせないという私の考えは変わらず、裁判に訴えることを含めて、党に復帰できる方法を探りたいと思っていた。そういう気持ちで党規約に目を通し、講演内容を考えていて目に飛び込んできたのは、規約の最後の最後にあるこんな条項であった。規約には何回か目を通したことがあるが、記憶に残っていなかった条項である。

「処分をうけた党員は、その処分に不服であるならば、処分を決定した党組織に再審査をもとめ、また、上級の機関に訴えることができる。被除名者が処分に不服な場合は、中央委員会および党大会に再審査をもとめることができる。」（第五五条後段）

そうか、裁判に訴えずとも、党に戻る道はあるのだ、党大会に再審査を請求すればいいのだ。裁判になってしまえば党に敵対していると捉えられるかもしれないが、規約を遵守して復党を求めるなら、共産党の可能性を信じる私の気持ちを党員に理解してもらえるかもしれない。霧が晴れたというのは、こういう心の状態を指すのであろう。

こうして日本記者クラブでの講演は、再審査が主題の一つとなった。私が除名されたことを受け、ネットでも私へのメールでも、「もうこんな党にはいたくない」として離党を表明する人が生まれていたのだが、私は講演で、党には希望があるのだから離党しないでほしい、党に残って私の再審査で除名撤回に賛成してほしいと訴えることになる。

大会での除名再審査を定めた規約が私の記憶になかったのは仕方がない。この規定は、一九八二年に改正された規約で盛り込まれたが、その後、党大会での実施を求めたことがなかったのである。これまで除名された党員の多くは、私とは異なり、党に戻る気持ちをなくしたのであろう。

そういう党員と異なり、私は除名直後の講演で他の党員が離党するのを防ごうと努力したのであり、除名されてもなお党のためにがんばっていると自負していた。党中央にとって、そうした私の言動こそが怒りの対象になるとは、その時点での私には予想すべくもなかった。しかし、党大会での再審査を求めることを表明した二月六日は、その後、二〇二四年一月の党大会まで一年にわたって続くことになる「反松竹キャンペーン」の、ただの開始日に過ぎなかったのである。

東京地裁への提訴

党大会は予定通り二〇二四年一月に開催された。規約上の「最高機関」である大会での再審査なのだから、全国から集まった代議員に私の再審査請求書が配られ、私の意見表明も許されるのかと思っていたが、わずか二一名の大会幹部団だけの議論で却下されることになる。

その結果を受けて三月七日、私は、除名撤回を訴えて東京地裁に共産党を提訴した。この闘いで勝利することは容易でないのは承知の上だ。政党員の除名をめぐっては判例がある。一九七七年に共産党を除名された袴田里見副委員長の事件をめぐって、八八年に下された最高裁判決がそれだ。判決では、「政党が党員に対してした処分が一般市民法秩序と直接の関係を有しない内部的な問題にとどまる限り、裁判所の審判権は及ばない」とした。その上で、除名の手続きが適正だったかだけを審査し、そこに問題はなかったとして袴田の上告を棄却したのである。

つまり、私の例に即していうと、異論を出版したからといって除名するのはおかしいと訴えても、裁判所の審査権は及ばないということである。それが判例として確立しているということだ。ただ、袴田の事例とは異なり、私に対する除名処分は適正な手続きがとられていないので、そこだけでも勝訴する可能性はある。しかし、私の場合は結社の自由と出版の自由が最大の問題になったのだから、判例を覆《くつがえ》さない限り、本質的に私が勝ったことにはならない。だから私は最高裁まで戦い抜く覚悟である。

なお私は、裁判に訴えることは党と敵対することだという、以前のような気持ちにはなっていない。なぜなら私は、裁判をしてでも党に戻りたいのである。私が戻れるような党に再生できれば、後退に次ぐ後退で未来が見通せない党員の希望にもなるし、他の野党との密接な協力関係ができることで政治を変えていく力も生まれると信じている。本書では、その私の気持ちを余さず記しつつ、裁判で何が問われるかを述べるようにしたい。

本書の構成

今回の裁判で問われることは三つある。一つ目は、これが最大のものだが、すでに述べた共産党袴田除名事件の判例をどう覆すかである。共産党は憲法で規定された結社の自由を盾にして、私が党員のままで異論を出版する自由はないと主張しているのだが、果たして結社の自由と結社構成員の言論・出版・表現の自由はどういう関係にあるのかということだ。これは本書第二章が扱う。

同時に、袴田除名事件では、既述のように党による除名の手続きが適正だったと認定された。私の場合は、その点が根本的に異なるので、第三章はその問題に当てている。それが裁判で問われる二つ目の点である。

この裁判で私が問うていることは、党員としての地位確認と私に対する名誉毀損であるが、この二つがそれぞれ独立したものではないことに裁判の重要な特質がある。除名後も私に対する不当な人格攻撃、人権侵害、名誉毀損がくり広げられたことと、大会における私の再審査請求が却下されたことには不可分の関係がある。名誉毀損がなければ除名が撤回される可能性があったのであり、それは逆に、名誉毀損が成立するならば党員としての地位も確認されるべきことを意味する。それが三つ目であり、その問題を論じる第一章から叙述を開始しよう。

なお、私の除名問題について議論した佐藤優《まさる》氏、内田樹《たつる》氏との対談も今回収録させて頂いた。お二人には感謝の気持ちしかない。

私は共産党員だ！——シン・日本共産党宣言Ⅱ◎目次

まえがき　3

第一章　除名は名誉毀損と一体不可分　15

1　「党かく乱者」「党破壊者」と認定されて　16
2　私が権力と一体となって共産党を攻撃する!?　25
3　スターリンの大量粛清の方法を継承して　36
4　私に同調する党員には本心の告白を迫る　50
5　これが大会での再審査と呼べるものなのか　61
6　名誉毀損なしに除名の確定はなかった　69

第二章　結社の自由と言論・出版の自由の均衡点　79

1　部分社会論と袴田最高裁判決の法理　80
2　日本社会にとって不可欠な結社の自由　90
3　部分社会内部でも個人の人権は大切だ　97

4　綱領・規約の枠内での自由は認められるべきだ　110
（1）私の主張は綱領と党の主張の延長線上にある　110
（2）私は規約を一度も批判したことがない　120
（3）党の本来的な解釈が示す分派を形成していない　129
5　司法は綱領・規約をどこまで審査できるか　138

第三章　最高裁判例に則しても私の除名は違法である　143

1　袴田里見の訴えはなぜ最高裁で却下されたか　144
2　私の除名処分は規約を踏みにじって強行された　151
（1）党支部から処分の権限を取り上げた問題　151
（2）「支部委員会の同意」という虚構が前提とされている問題　155
（3）私が党内で意見を上げていないという粉飾がされている問題　159
（4）処分を決定する会議での意見表明の権利が奪われた問題　167
（5）調査の前から結論ありきだったという問題　173

第四章　対談「志位議長よ、なぜ私が除名なのか」×佐藤　優　179
第五章　対談「成熟した政権交代の基軸政党となるために」×内田　樹　201
あとがき――法廷での意見陳述を想像しながら　242

第一章　除名は名誉毀損と一体不可分

1 「党かく乱者」「党破壊者」と認定されて

　共産党の機関紙である「しんぶん赤旗」は、二〇二三年二月七日付で、京都府委員会と同南地区委員会の連名で私の「除名処分決定書」の全文を掲載していた。そこでは、『シン・日本共産党宣言』が党の綱領と規約に反すること、私が出版社の編集者として『志位和夫委員長への手紙』（鈴木元《はじめ》著、かもがわ出版）を同時期に刊行したことが分派活動に当たることなどが書かれていた。第三章で述べるように、同月二日に行われた私に対する調査の内容とあまりにもかけ離れているし、事実認識も異なっているので、どこかで反論しなければならないとは感じたが、予想された範囲のものだったので、ゆっくりと準備すればいいと判断した。それよりも、除名処分に前後して経験したことのない緊張が続いていたので、まずはぐっすりと眠りにつくことを最優先させた。翌日から疾風怒濤の日々が続くことなど予想もしていなかった。

目に飛び込んできた「かく乱」の文字

翌八日の朝のことである。私は、その日も最初に「赤旗」に目を通したのだと記憶している。

愕然《がくぜん》としたとは、こういう心境のことを指すのだろう。こんなタイトルをつけた大型の論文が目に飛び込んできたのだ。

「党攻撃とかく乱の宣言――松竹伸幸氏の言動について」

「かく乱」⁉　私の言動がそうなのか⁉――。私が党を「攻撃」したということならば、事実に反すると思うけれども、「除名処分決定書」にも書かれていた。けれども「かく乱」とは予想外である。

論文の筆者は土井洋彦《うみひこ》氏。共産党の学術・文化委員会の責任者である（論文の署名は書記局次長の肩書き）。この委員会は名称の通り、学術や文化に関する専門的な仕事を担っており、研究者や知識人を相手にすることも多く、メンバーにも学問的な素養が求められる。土井氏も大学では歴史学を専攻し、一時期は学者への道を志した人だ。その土井氏が、「かく乱」などという、およそ学問とは正反対の扇動的な言葉を使っていることにまず驚いた。

中身に目を通して、さらに驚く。土井氏の論文の新しさは、私が前々日（六日）に行った日本記者クラブでの会見内容について見解を述べたことにあったのだが、「かく乱」とは以下の引用のように、私が除名問題の再審査を求めたことを指していたのである。

「松竹氏は、『まわりの共産党員』から『いろんなメッセージがきている』とのべ、次のように言い放っています。

『私がいいたいのは、（離党について）いや早まるなと、ぜひ党にとどまって来年一月の党大会に代議員として出て、そのとき除名には反対だという意思を表示してほしい。……』

　これは、まさに党内に松竹氏に同調する分派をつくるという攻撃とかく乱の宣言にほかなりません。松竹氏は、日本共産党に対する『善意の改革者』を装っていますが、その正体が何であるかを自ら告白したものといえましょう。」

再審査条項を知らなかった小池書記局長

　意味が分からないとは、このことである。なぜなら私は、除名されたものは大会に再審査を求めることができるという党規約があるから、その規約にもとづいて再審査を求めたのである。再審査というのは、除名した京都の党から見れば「除名処分決定書」の正当性を訴える場であろうが、私にとっては除名の不当性を全国の党員に訴え、支持を広げて撤回させる場である。私が党員に「除名には反対だという意思を表示してほしい」と呼びかけるのは当然ではないか。それを「分派をつくる」行為であり「かく乱」だとするなら、再審査の過程で自分の見解を主張するなということに等しいではないか。それとも私は、「除名には賛成してくれ」と言うしかないのだろうか。

　これは推測になるが、私が再審査を請求したことは、党中央にとっては予想外のことだったと思う。私が日本記者クラブで会見した六日の夕方、国会では小池晃書記局長の記者会見があり、記者が、私が再審査を求めたことへの見解を問うたが、小池氏は当初「再審査？　規約には再審査なんてことは、……規約上はないんです」とはねつけるなど、党幹部も規約の再審査規定を知らなかったようなのだ。記者が規約を引用しながら再質問してようやく、「そういうことであれば、そういう権利はある」と答えざるを得なかったのだ。党中央は除名を決めればそれで終わりだと信じ込んでいたのだろう。

　だから、再審査という予想外の事態に直面し、強い言葉で私を批判する必要性に迫られて出されたのが土井論文だろうというのが、私の率直な感想であった。とはいえ、私の言動は、他ならぬ党規約にもとづくものである。この論文は土井氏個人のものであって、いくらなんでも党が規約を軽んじる路線を進むことはないだろうから、近く路線が修正されるかもしれないと期待することにした。だがその期待はわずかしか持たなかったのである。

ほぼ毎日のように「松竹批判」のキャンペーンが

それ以降も、「赤旗」では連日のように私の除名を正当化するキャンペーンが続く。報道記事や幹部の記者会見・演説を除き、論文という形式を取ったものだけをみても（「論」があるかどうかは別にして）、以下のようなものがあった（除名を批判した「朝日」「毎日」「産経」の社説批判も含む）。

・「『結社の自由』に対する乱暴な攻撃――『朝日』社説に答える」（中祖寅一「赤旗」政治部長、二月九日）
・「『朝日新聞』社説は『結社の自由』に対し不見識」（志位和夫委員長、一〇日）

〈以上の二つに共通する「結社の自由」論は、私の言論・出版の自由よりも結社の自由が優先するというもので、日本国憲法をどう理解するかにかかわってくる。今回の裁判の重大争点であり、第二章でまとめて論じたい。〉

・「松竹氏をめぐる問題についての一問一答」（志位委員長、一〇日）
・「日本共産党の指導部の選出方法について――一部の攻撃にこたえて」（山下芳生副委員

長、一一日）

・「事実踏まえぬ党攻撃――『毎日』社説の空虚さ」（中祖「赤旗」政治部長、一一日）

・「『産経』社説の特異な立場」（中祖「赤旗」政治部長、一五日）

・「『朝日』コラムにあらわれた〝反共主義という呪縛〟」（谷本諭政策委員会副責任者、一七日）

・「政党のあり方と社会のあり方の関係を考える――一部の疑問にこたえて」（土井洋彦書記局次長、二五日）

　他にも、「大手メディアの共産党バッシングどうみる？」と題して、「おはようニュース問答」という問答形式の解説のワイド版が掲載された（一八日）。「赤旗」には党員と党組織の活動を紹介するページがあるが、そこにも「読者に『松竹氏問題』で理解広げる」という見出しで、全国各地の党員の活動が紹介されたりした（一八日付）。

　翌三月の一八日、これらをまとめて俗称「松竹パンフ」が発行され、大々的に販売されることになる。正式なタイトルは「党首選出と安保政策をめぐる攻撃にこたえる――憲法の『結社の自由』をふまえて」。六三ページで税込二七〇円の破格の安さであった。

今度は「党破壊者」にまで格上げ⁉された

この過程で、党内でパワハラを受けている関西在住の党員が、私の講演を聞きに東京までやって来たことがある。なぜこんな遠くまで出かけてきたのかと聞いたら、「松竹さんが受けているパワハラが自分に重なって見える」ということであった。確かに第一に、二五万人の党員を抱える共産党が、一〇〇万人近い読者を持つ「赤旗」を使って、たった一人の党員を毎日のように大型の記事で批判するのである。第二に、当時の私は、翌日の「赤旗」にどんな批判が載っているのかが気になり、朝までぐっすりと眠れることはなかった。第三に、すでに除名はされているのだから、これだけの個人批判は不要なはずである。いかなる意味でも厚生労働省が定めるパワハラの三要件（優越的な関係を利用した言動、労働者の就業環境が害される、業務上必要かつ相当な範囲を超える）は満たしていたと言えるだろう。

ただし、冒頭に紹介した土井論文を除くと、私に対する批判の論点は、私が綱領や規約に違反しているとか、除名は憲法の結社の自由からしても当然だとか、理論的な内容に属する問題であった。だから、巨大政党VS.一個人という構図で圧倒されていたとはいえ、私が理論的な反撃をすればいい問題だったのである。

一方、土井論文は、私が党を「かく乱」しているという、特別な用語を使った批判をおこなうものだった。理論的な批判でないというだけでなく、事実にもとづかない人格攻撃であり、まさに名誉毀損であったと言える。

土井論文から一〇日ほど経った一九日朝のことである。いつものように「赤旗」に目を通すと、「松竹氏　党かく乱者であることを告白」という見出しの論文が掲載されていた。署名はなぜか「H」。内容を見ていくと、私はただの「党かく乱者」という位置づけではなかった。「党の破壊者・かく乱者であることをみずからの言動で明らかに」したとして、私は「党の破壊者」にまで祭り上げられていたのである。

辞書（例えば「大辞林」）を見ても、「かく乱」とは「かき乱すこと」「混乱させること」であるが、「破壊」とは「こわすこと」「こわれること」とされている。「かき乱す」だけでなく「こわす」のであるから、「破壊者」のほうがはるかに「格上」である。そしてその後、この「党破壊者・かく乱者」というレッテル張りが定番となり、「赤旗」や地方の党組織の文書で横行することになる。

なお、この「H」論文では、「除名された松竹氏が、……日本共産党員にみずからへの同調と党大会での処分撤回に賛同することをよびかけることは、憲法の保障する『結社の自由』へのあからさまな介入」だとして、私が除名の再審査で党員に同調を求めることを拒絶している。再審査を保障した党規約自体を否定するものであった。

党員に訴求力の強い「党破壊者・かく乱者」の言葉

私は、現在の党中央が、二〇〇〇年代に制定した新綱領・新規約から外れ、一九五〇年代、六〇年代の古い綱領・規約にしがみついていると考えている。だから、新綱領・新規約通りの党運営を求めているのであって、そういう点では理論的な批判はしているが、党を破壊する意図はなく、綱領・規約にもとづく党の再生をめざしている。そもそも、私のような一個人が二五万の党を破壊できるなど、常識的に見てあり得ないことである。私が党大会での再審査のために活用できるのは、せいぜいアクセス数が一日数千に止まるブログと、チャンネル登録者が約二〇〇〇人のＹｏｕＴｕｂｅだけなのだ。どんなに頑張っても、一〇〇万人近い読者を誇る「赤旗」に敵《かな》うはずがない。

それなのに、理論的批判に止まらない名誉毀損までするのは、いったいなぜなのか。それは、一個人の批判であっても党内に広く浸透してしまうのではないかという不安があるか、たとえ一部の党員であっても私への同調者を絶対に出さないという強い決意のあらわれなのか、どちらかであろう。

「党破壊者・かく乱者」という言葉は、普通の人が聞けば聞き慣れないもので、共産党は怖いものだという認識にみちびくことになろうが、党員に対する訴求力の強さは格別のものがある。共産党員の多くは長い人生を党とともに送ってきて、党には愛情にも似た感情を抱いている。だから、後退を重ねる現在の党の問題点を指摘する声程度のものなら耳を傾ける余裕があったとしても、党を破壊する行為を誰かがやっていると言われれば、反射的に無条件で党を擁護する立場に立つものである。効果バツグンなのだ。

2　私が権力と一体となって共産党を攻撃する!?

これまで私が「党破壊者・かく乱者」扱いされた事実とその意味を書いてきた。けれども共産党員だって冷静に考えれば、一個人が党を破壊するようなことはできないことに気づくだろう。しかしそれでも、多くの党員がメディアの報道などを見ると、共産党に対する批判的な論調が目に付く。それは国民世論の反映でしかなく、共産党が国民の支持を得て政治を変えようとすれば、批判も含めて世論に耳を傾け、自己改革を進めるしかない種類のものである。けれども、そう考えられない場合、私がメディアを動かす特別なやり方をしているという妄想が生まれることになる。そしてそれが、私が権力と結びついているという、超弩級の妄想（私に対する名誉毀損）に発展することになるのであった。

日本記者クラブや文藝春秋が「共産党バッシング」の「勢力」!?

当初は「赤旗」でその種の論文が出ることはなかった。何といっても党の機関紙であり、そこで論じられたことの多くは党の公式方針と受け取られるので、躊躇《ちゅうちょ》もあっただろう。だから私への個人攻撃が開始された時点では、党幹部が演説会で話す程度に止められていたのだが、現在はＹｏｕＴｕｂｅ動画が普及しているので、ただちに全国に拡散されることになる。

最初は市田忠義副委員長である。二月一九日に京都で開かれた演説会で、次のように述べたのだ。

「（松竹さんは）周到な準備をして出版物を発行して、記者会見を開いた。だいたいですね、日本記者クラブがその場所を提供するなんてことは、誰でもやれる場所ではないんですね。そういうところを提供したというのは、共産党バッシングをおおいにやれと、もう平和の大攻勢をかけられたら困ると、そういう勢力と結託していると思うんですね。松竹さんが出された本はどこから出ているか。文藝春秋なんですね。その文春と相談して、党内をかく乱するためには値段も安くしようと、記者会見で公然と語っています。格安の一〇〇〇円にしたのは、党員というのは貧乏人が多いと、そういう人に買ってもらうには、印税少なくしてでも一〇〇〇円にしよう、こういうことまで相談しました。」

　ここでは「権力」という言葉は使われていない。「共産党バッシングをおおいにやれ」とし、「平和の大攻勢をかけられたら困る」ような「勢力」という言葉である。しかし、文脈からして、この「勢力」が、共産党が敵視している政府権力などを意味していることは明らかだろう。そして、私が「そういう勢力と結託している」と主張するのである。その根拠は、私が会見を行った日本記者クラブは「誰でもやれる場所ではない」のだから、記者クラブを動かせるような「勢力」が背後に存在するかのように示唆しているわけだ。これは記者クラブへの名誉毀損でもあるだろう。

　文藝春秋も、私と相談して「党内をかく乱」したことになっている。根拠は明示されず、「本はどこから出ているか。文藝春秋なんですね」だけなので、文藝春秋と言うだけで党員を納得させられると思ったのだろう。『文藝春秋』誌には宮本顕治、不破哲三、志位和夫の歴代党首が寄稿しており、とりわけ宮本氏の「歴史の転換点に立って――科学的社会主義と宗教の接点」（一九七五年一〇月号）は、社会主義社会でも宗教が必要とされることを解明したものとして私は感動して読んだものだが、市田氏は目を通さなかったのだろうか。なお市田氏によると、「かく乱」の手段は、本の値段を安くしたことだという。これは経済的に豊かでない党員にも買ってもらいたいと願って、私が印税率の引き下げを申し出ることにより実現したものだが、そういう気持ちが「かく乱」とされたことには、呆然とするしかなかった。

なお、『週刊文春』の最近の号では、志位和夫議長が登場して阿川佐和子氏と対談している。それでも共産党は、文藝春秋に対して、「共産党バッシングをおおいにやれ」とか「平和の大攻勢をかけられたら困る」という「勢力」だとの批判の言葉をなげかけるのだろうか。

「完全に権力の側に取り込まれ」とまで認定して

副委員長がこれほど堂々と述べたのだから、党幹部は誰でも似たような演説ができることになる。続いて国会議員などが私と権力の「結託」ぶりを全国で喧伝して回るようになるのだが、そのなかで党が発行しているニュースになったものを紹介しよう。二月二六日に埼玉県さいたま市の南区で開かれた「南区党と後援会決起集会」における伊藤岳参議院議員の話を、さいたま地区委員会がニュースの資料として発行したものである。伊藤氏はこう述べている。

「その戦争の前夜をさらに進めようと、権力の側がやってきたのは党の内部にまで手を突っ込んで、党の中から攪乱しようと、いわゆる松竹問題、皆さんも心配されている問題です。……

そこに目をつけたのが今の権力側なんですね。共産党の中にいる松竹伸幸という人の主張に目をつけて本を出さないか、雑誌のインタビューに応じないか、いろいろ攻勢をかけていたことが明らかになりました。彼はそれに応じて本を出しました。彼のブログなんか見ますと、完全に権力の側に取り込まれちゃっているんです。利用されている。敵権力は党の内部でもこういうことを言っている人がいる、という事を外に漏らして、いかにも共産党が時代遅れだと言うようなことを醸し出そうとした。それにまんまと乗せられた。これが松竹問題の真相だと思うんですね。」

ここでは、権力と私の「結託」ぶりが、具体的に描かれることになる。権力が私の「主張に目をつけて本を出さないか、雑誌のインタビューに応じないか」と「攻勢をかけ」、私は「それに応じて本を出し」たことになっているのだ。ただ権力と結託しているというのでは、あまりに抽象的で説得力がないと思ったのだろうが、リアルに語ろうとしたことによって、名誉毀損の度合いは格段に増大した。一方、私がどんな権力に属するどんな人物から、いつどこで働きかけを受けたかを実際に証明しない限り、この説は完全な虚構だとみなされるものになったのである。

実体のないものを大げさに描くことで支持者だけは強固に結束させていく――。これでは、トランプ前米大統領の「ディープステート（影の政府）と闘う」という陰謀論と変わらないと思うのだが、どうだろうか。

「権力との結託」説が党公認になる

権力と私の「結託」説は、麻薬のような効果を党内にもたらしたのではないだろうか。「党破壊者」という認定だけでも、私の主張に耳を貸す党員はいなくなるだろうが、それでも党の後退を前にして、何らかの党改革をしなければいけないという気持ちを押し止《とど》めることはできない。けれども、その党改革の主張が権力から発せられているものだということになれば、現在の党指導部の路線への疑問を持つことは容易ではなくなるからである。

　こうして、この説をもっと広めれば、私の再審査など容易に覆すことができるとの確信が、徐々に党指導部内に醸成されていったのだと思われる。権力と私の「結託」説は、幹部個人が個々に演説し、ＹｏｕＴｕｂｅやニュースで拡散する段階から、一〇月には一挙に全国化することになる。しかも、「赤旗」論文という形態どころか、党の最高指導機関と位置づけられる中央委員会の方針として確認されることになるのだ。それが一〇月五日と六日に開かれた第九回中央委員会総会であった。

　この会議の初日、志位氏があいさつし、小池氏が報告をしている。その後、翌日まで中央委員による討論（発言）があり、最後に小池氏が討論の「結語」を行った。結語のなかで小池氏は、こう述べたのである。

「『しんぶん赤旗』の中祖寅一政治部長は、いまの党攻撃が、権力、メディアと一体となった大掛かりな党攻撃であることをリアルに示しました。全体像が非常に深まったのではないでしょうか。」

　小池氏の結語といっても、共産党員でもないと、その重要性は分からないだろう。これは会議での議論の内容を小池氏個人が最後にまとめたという程度のものではない。結語は、報告や決議案などとともに、会議の最後に一括して採択されるものである。つまり、党の指導機関である中央委員会の共通の意思として確認されるのである。

小池氏の結語には私の名前は出てこない。しかし私は、二月の除名以来ずっと「党攻撃」をしている当事者とされてきたので、ここでも党攻撃をしているとされるのは私のことであると直感した。結語のこの部分は、「（松竹の）いまの党攻撃が、権力、メディアと一体となった大掛かりな党攻撃である」という意味なのだ。これまで幹部個人のものだった私と権力の結託という認識が、共産党そのものの認識へと昇華したというわけである。

「赤旗」政治部長が「支配勢力による、大掛かりな党攻撃の一環」発言

それでも、私がそれを、「これは私のことだろう」と書いていても、具体的な証拠があるわけではない。裁判で取り上げても「松竹は被害妄想を言っている」と反論されるかもしれない。

そう悩んでいると、私のよく知る共産党本部関係者から、ある録音データが届けられた。第九回中央委員会総会終了四日後の一〇月一〇日、「赤旗」記者を集めて総会の説明会が開かれたのだが、その録音である。聞いてみると、中祖氏が総会で自分が行った発言（小

池氏が結語で紹介したものである）の説明をしており、「権力、メディアと一体となった大掛かりな党攻撃」の主体は明確に私であることが分かった。

　中祖氏は、自分の発言をこうはじめている。

「僕はこの間の党攻撃が単に松竹氏個人による党への不当な攻撃というふうにとどまらず、やっぱり支配勢力による、大掛かりな党攻撃の一環だということを掴んで対応することが必要だということを発言しました。」

　続いて、私が『シン・日本共産党宣言』刊行の一カ月ほど前から、メディアに働きかけたことを指摘する。いくつかのメディアに取材されたことを紹介しているが、それは私が自分のブログに書いていることで、とりたてて目新しさはない。その上で、私のメディアとの接触を強調したあと、中祖氏は突然、何の証拠も示さずに「支配層」の関与を持ち出すのである。

「まさにあの年初というタイミングを周到に選んできたのは、松竹氏自身であり、メディアや支配層の側である。選挙前であればこそ、メディアや支配層はこれを話題にし、共産党へのダメージになると考えます。」

「支配層やメディアは松竹氏を使える、と考えたのだろうと思います。」

本の出版時期を「周到に選んできた」のは、私やメディアだけでなく、「支配層の側」だというのだ。「支配層」が「共産党へのダメージになると考え」たというのだ。「選んだ」とか「考え」たというのなら、せめて誰がどうやって選び、考えたのかを明示するのが新聞記者として最小限の倫理だろうが、そんな証拠は出していない。そもそも持っていないから出せないのだが、私を批判するためには、証拠などなくていいのだ。

メディアは支配層が動かしているという認識

とはいえさすがの中祖氏も、支配層が私の本の出版時期を決めたというだけでは、証拠も出せず、論理的でもないと思ったのだろう。次の文脈では、メディアそのものが支配層に動かされているという認識を示す。

「加えて重要なことは、メディアが松竹氏の後押しに動いたのはなぜかという問題です。結論から言うと、松竹氏の主張の核心が、支配層にとって極めて歓迎すべき内容だったからだということだと思います。」

私の主張を支配層の誰かが歓迎したような報道に接した記憶はないが（あるのなら中祖氏が示すべきだ）、そこは問わない。問題なのは、日本のメディアは支配層が歓迎する記事を書いているという認識である。そんなメディアがあることは認める。しかし、除名への批判的な社説を出した「朝日」や「毎日」まで含め、日本のメディアを十把《じっぱ》一絡《ひとから》げにして、支配層の思惑にそって記事を書いていると主張するなど、現実離れにもほどがある。

　私は、新聞記者も含めて国民多数の理解を得てこそ、共産党が政治革新の事業を前に進めることができると考える。だから、自分の立場への理解を得るために、誠心誠意努力する。理解が得られないからといって、志位和夫委員長の二月九日の記者会見のように、「朝日」の社説を取り上げ、「あまりに不見識」「外部からの攻撃」「乱暴な介入であり、干渉であり、攻撃」「由々しきこと」「『朝日』社説に指図されるいわれはない」などと激高しているようでは、国民の支持を得て政治を変えることはできないと考える。

　中祖氏の発言は、メディア批判をくり広げたあと、最後に「支配階級の大掛かりな攻撃というふうに受け止めて、正面から立ち向かっていくことがやっぱり必要だ」と宣言して終わることになる。私としては、私が支配階級と結託して共産党を攻撃しているなどという名誉毀損とは、堂々と闘っていきたいと考えている。

3　スターリンの大量粛清の方法を継承して

「党破壊者」にしても「権力と結託」にしても、普通の人はあまり目にしない言葉である。何をしたら党を破壊することになるのか、権力とはどんな人のことで、結託とはいかなる関係を持つことなのか、イメージもしにくいと思う。

ただ、共産党のなかでは、党内に党を破壊する人間がいるとか、そういう人間が権力と結びついて破壊行為を企んでいるという考え方は、時として浮上することがある。私が今回の裁判で判例を覆そうとしている事件の当事者である袴田里見に対しても、党からはそういう言葉が投げかけられた。

この言葉と概念は、もともとはヨシフ・スターリンが編み出したものである。しかも、一九三〇年代のソ連で実施された大規模な政治弾圧、大量粛清のなかで使われ、定着した歴史を持っている。そういうものであるだけに、日本共産党の一九六一年の綱領には存在していたが、さすがに二〇〇四年に全面改定された現綱領からは取り除かれたものである。その事情を紹介しておきたい。

スターリンによる大量粛清の実態

ソ連が崩壊して三〇年以上が経つ現在、スターリンの政治弾圧と言われても、何のことか分からない人も少なくないだろう。簡単に解説しておく。

一九一七年のロシア革命で誕生したソ連では、当初、イリイチ・レーニンが国家と党を率いていた。しかしレーニンが二四年に亡くなると、政治路線の上でもそれを担う指導者の選択の上でも、激しい抗争がくり広げられる。その結果、レフ・トロツキーが失脚し、二九年に国外へと追放され、スターリンの権力が確立していく。

三〇年代半ばまでは、スターリン以外にも、革命に貢献し、地位を得ていた指導者が存在した。ニコライ・ブハーリンもその一人である。

しかし、三七年から三八年にかけて、一三四万人以上が即決裁判で有罪となり、六八万人以上が死刑判決を受け、六三万人以上が強制収容所や刑務所に送られた。とりわけ共産党員とくに幹部はその標的となる。ブハーリンをはじめジノヴィエフ、カーメネフなど、スターリンに対抗する能力があると思われていた幹部はほぼ全員が死刑に処せられた。三四年に開かれた第一七回党大会に参加した代議員一九六六人のうち、一一〇八人が逮捕され、大半が銃殺刑になったとされる。その大会で選出された中央委員（中央委員候補を含む）一三九人中一一〇人が処刑されるか、自殺に追い込まれた。外国にいた党員も被害者であり、トロツキーは四〇年に暗殺される。

スターリンがなぜこれほどの大虐殺を行ったのかについては諸説が存在する。それがその後のソ連とソ連共産党、世界の他の共産党にどう影響したのかについても同様である。それは、本書の主題とは関係ないようにも見えるが奥で深くつながっているので、本節の最後で私の考え方を提示する。その前に、スターリンによるこうした大虐殺のなかで、「破壊者」や「権力との結託」という考え方がどのように使われたのかを解説しておこう。

スターリンによる「党破壊者」認定の使われ方

まず「破壊者」である。スターリンの次の言葉を引用しておこう。

「**破壊**分子、妨害者、スパイ等々について一言。いまでは誰にも明白であると私は考えるが、今日の**破壊**分子、妨害者は、トロツキストであれブハーリニストであれ、彼らがいかなる旗でカムフラージュしていようと、とっくの昔に労働運動における政治的潮流であることをやめて、職業的**破壊**工作者、妨害者、スパイ、殺人者に転化した。これらの紳士たちを、労働者階級の敵として、わが祖国の裏切り者として容赦なく粉砕し、根こそぎにしなければならない。……『反ソ「右翼＝トロツキスト・ブロック」事件裁判記録』モスクワ、一九三八年、五五一頁」

短い文章のなかで、「破壊」という言葉が三回も使われている（太字は引用者、以下同じ）。この文章は、スターリンの言葉に出て来るブハーリンの妻アンナ・ラーリナが執筆した『夫ブハーリンの想い出』（岩波書店）のなかにあり、資料的に掲載されたものである（下巻二八〇ページ）。ラーリナはこの言葉を、「スターリンが彼らに浴びせた次のような恐るべき中傷」として紹介している。

ラーリナの本のなかでは、これ以外にも、ブハーリンが「破壊者」呼ばわりされる場面が、いくつも登場する。例えば、ブハーリンが裁判にかけられて宣告された罪名について、「裁判の告発の無恥さと荒唐無稽さは私の予想を完全に凌駕していた。……いかなる犯人といえども、このような量の犯罪は生涯のうちになしうるはずがなかった」として、次のような罪名だったことを述べている。

「スパイ活動と**破壊**活動。ソヴエト連邦の分割と富農《クラーク》反乱の組織。ドイツ・ファシストのグループ、ドイツ諜報部、日本諜報部との結びつき。未遂に終わったスターリン殺害のテロルの企て。キーロフの暗殺。右派エスエル女性党員カプランによって行なわれたどころか、カプランの手はブハーリンの手であったという一九一八年のレーニンに対するテロ行為。病気で以前から仕事をすることも出来なくなっていたメンジーンスキー、クーイブイシェフ、ゴーリキーの殺害。さらにはエジョーフ毒殺の試み」（上巻四七～四八ページ）

三七年二月には、ブハーリンの除名と監獄行きを決める共産党の中央委員会総会が開かれた。その招集通知が届けられた際、ブハーリンは、「裏切り、**破壊**工作等々の前代未聞の告発に抗議して、私は死を覚悟したハンストを宣言し、無罪と認められるまで解除しない」（下巻二四五ページ）と言ったそうだ。中央委員会総会の議事のなかでブハーリンの告発演説を行ったエジョーフが、ブハーリンによる「**破壊**工作、富農《クラーク》反乱の組織、ソ連邦の割譲……」（同前二五九ページ）などの罪を強調したことも紹介されている。こうして、二月二七日に開かれた中央委員会総会は、ブハーリンを「党中央委員会から追放し、党から除名すること、逮捕すること、取調べを続行すること」（同前二七五ページ）を決定したのである。

ブハーリンだけではない。裁判にかけられた党員に対して、お前は党の破壊活動をしていると認定することは、死刑となった人々全体に共通するものであった。

「権力と結託した党攻撃」のアイデアもスターリン由来

ただし、ブハーリンが「破壊者」だというだけでは、スターリンにとってさえ説得力が欠けたのだろう。なぜなら一人の党員が巨大な党と国家――しかも軍隊や諜報機関を掌握する政権党である――を破壊するというのは、いかにも妄想のようなものだからだ。そこでスターリンは、ブハーリンと権力との結託というアイデアを、何とかつくりだそうとする。私に対して日本共産党が襲いかかったのと同じ経過を辿り、似たような結論に達するのである。

私は日本にいるので、日本の権力と結託しているというアイデアは――実際にそんな結託はないのだが――、私が望めば不可能ではない。しかし、ブハーリンがソ連の権力と結託していると主張しても、その権力を実際に動かしているのはスターリンなので、あまりにも現実味に欠ける。そこでスターリンは、一〇年ほど前に外国に放逐したトロツキーが、外国の権力者と結びついてブハーリンを動かし、ソ連を破壊しようとしているとするシナリオを描いたのである。

ブハーリンの裁判記録は、死後の一九三八年には刊行されている。トロツキーはそれを読み、自分が外国の元首らと結びついて彼らを服従させることで、ブハーリンらを通じてソ連の国家機構を支配しているとの妄想が記録されていることに驚愕することになる。その問題をこう書いている。

「この犯罪行為〔ソ連国家を転覆させる犯罪〕において、〔外国の〕元首、大臣、元帥、大使らは確実に一個人〔トロツキー〕に服従した。公的な指導者では決してなく、追放された一人に。トロツキーは指を鳴らすだけで十分であった。……しかしここに困難な事が起こる。……私〔トロツキー〕に従っているトロツキストたちによってこの重要な機構のすべての点が支配されるとしたら、そのような場合に、なぜスターリンがクレムリンに居り私が追放されているのか。」（鹿砦社『ブハーリン裁判』所収のトロツキー「反対派ブレテン」二〇〇～二〇一ページ、〔〕内は引用者）

トロツキーが述べているように、そんなシナリオは「困難」なはずなのである。トロツキーが外国の権力者を使い、ブハーリンらを動かしてソ連の重要機構を支配しているとしたら、なぜスターリンだけは動かせないのかという不合理に気づく人が出てくる可能性があるからである。しかし、ブハーリンが外国の権力に動かされ、みんなで築き上げた社会主義を破壊しようとしていると騒いだら、誰もが怒りに震えたのだ。それを見ながら、スターリンは密かにほくそ笑んでいたに違いない。

「権力による党破壊」認定が党員の心を捉えた結果

　それにしても、希望に胸をふくらませてロシア革命に参加し、ソ連の国づくりに参加していた人々は、ほとんどが真面目な人だったはずだ。ブハーリンのように有能な幹部も多数いた。それなのに、共産党幹部のほとんどを殺害し、一〇〇万人以上が処刑されるようなことが可能になるとは、ほとんど信じられないことである。スターリン一人が特別に残虐で権力を手中にしていたというだけでは説明ができない。次々に幹部が殺されているわけだが、それぞれの時期で残っている党幹部の大半は、ただ怖いからスターリンに従ったというだけではないのではないか。

　じつは、のちに虐殺された人々も、それ以前の段階で別の幹部が虐殺されていた時点では、それを正しいことだと考えていたようだ。それだけではなく、自分が虐殺される段階に至っても、自分の死を前にしてスターリンを褒め称える場合があった。前出の『夫ブハーリンの想い出』には次のような記述もある。

「ブハーリンにしても人びとへの最後の声明で同じことを言った。『スターリンによって保障されている国の賢明なる指導は万人に明らかである。そうした意識をもって私は判決を待っている。問題は悔悟した敵の個人的体験にあるのではなく、ソ連邦の繁栄、その国際的意義にある』と。……

さらに、光栄ある司令官イ・エ・ヤキールは銃殺の瞬間に（二十回党大会の結語の中でエヌ・エス・フルシチョーフが述べたことから判断すれば）、『党万歳、スターリン万歳！』と叫んだ。」（上巻二三九ページ）

当時のソ連共産党員は、ツァーリを打倒して世界ではじめて社会主義革命を行い、国家の建設を進めている共産党に特別の誇りを持っていた。だから、ブハーリンにしても、農業集団化の問題などではスターリンに真っ向から反対するなど、どんな政策、政治路線を進むかについては、堂々たる態度をとったのである。

しかし、「権力」と結びついているとか、愛する党と国家を「破壊」するという話になると、別の感情が生まれてくる。ブハーリンにとっても、この党は絶対に破壊してはならないものであり、党を否定することは、革命に捧げた自分の人生を否定することになるのである。

そういう感情は、ブハーリンを見ている党員にとっても同じことである。政策の違いは認めても、権力と結びついて党を破壊するような人物は、論証の必要もなく犯罪者だということになるのだ。スターリンが大虐殺を行えたのは、共産党員の党への愛情を、「権力との結託」とか「党破壊」という言葉で扇動したからなのである。党員の多数がそれを受け入れたからなのである。

日本共産党も克服をめざした「スターリン時代の中世的な影」

　スターリン的な理論、思考方法は、ソ連の共産党をその後も支配しただけではない。世界の共産党に決定的な影響を与えることになった。日本共産党も例外ではない。共産党は二〇〇四年、一九六一年綱領を廃止して綱領の全面改定を行った。改定を主導した不破哲三氏（当時は議長）は、大会の場では「なぜ全面改定か」をあまり語らなかった。しかし、大会から八年が経過した党創立九〇周年の記念講演で、衝撃的な告白を行った。旧綱領には「スターリン時代の中世的な影」があったのだが、それを最終的に消しさったのが新綱領だというのだ。以下、引用しておこう。

「（旧綱領の制定以来）われわれは、ソ連や毛沢東派との論争の中で、また日々ぶつかる日本と世界の諸問題との切り結びの中で、理論のかかわる全領域にわたって、マルクス以来の科学的社会主義の本来の理論と精神を復活させ、スターリンが持ち込んだえせ理論体系を克服する仕事に全力をそそいできました。」

「わが党は、二〇〇四年の第二三回党大会で党綱領の抜本的改定を行いましたが、新しい綱領には、六一年以来の党の理論的発展のすべてを盛り込みました。

そして、われわれが半世紀にわたって取り組んできたこの仕事は、スターリン時代の中世的な影を一掃して、この理論の本来の姿を復活させ、それを現代に生かす、いわば科学的社会主義の『ルネサンス』をめざす活動とも呼べるものだ、と私は思っています（拍手）。」

これは、私も含む共産党員は、長い間、「スターリン時代の中世的な影」の残った綱領のもとで活動してきたということだ。驚きの告白だと分かってもらえるだろうか。

不破氏が指摘した「中世的な影」の中心をなすのは、ソ連や社会主義体制を平和勢力と描いてきたことなどの問題である。あるいは資本主義が全般的危機に陥っているというような情勢分析も含まれる。しかし、それ以外にも、当事者が自覚できないさまざまな理論、考え方があった。六一年綱領と〇四年綱領では、ただ言葉が易しくなっているというだけでなく、思想的な転換が行われたということだ。

「党破壊」という用語と考え方もその一つである。六一年綱領は次のように「党破壊」との闘争の重要性を指摘している。

「日米支配層の弾圧、破壊、分裂工作、反共主義をはじめ各種の思想攻撃などとたたかいながら遂行されるこの偉大な闘争で、党は人民大衆とかたくむすびつき、その先頭にたって先進的役割をはたさなければならない。」

この場合、冒頭にある「日米支配層」が「権力」を意味する。その権力から共産党に対する「破壊」活動がされているので、共産党はそれと闘わなければならないというのが、六一年綱領の基本的な考え方であった。だから、党員がその権力と結託して「党破壊」活動をするなら、その党員を「党破壊者」と認定して糾弾することになるのは当然であった。

当時、五一年綱領にもとづき武装闘争を行った共産党に対して、政府は破壊活動防止法の調査指定を行って監視を強めていた。共産党大会の度に誰のものか不明だが盗聴器が仕掛けられているのが発見されていた。党の県委員長が公安調査庁のスパイだったとして除名されることもあった。そういう状況下で、六一年綱領の「破壊」規定は存在していたのである。

しかし、〇四年綱領にはそういう規定は存在していない。「破壊」という用語は五箇所にわたって出て来るが、四箇所は「環境破壊」の文脈であり、一箇所は国際秩序の「破壊」という意味でしかないのである。

なぜスターリンの影が復活するのか

ツァーリ時代、ロシアの共産党は、文字通り専制体制による物理的な破壊活動にさらされていた。スターリンの時代になって、そんなものは存在しなくなったが、党員の頭脳のなかに当時の記憶が残っていて、「破壊」という用語を使えば党員が奮い立ったことは想像がつく。日本共産党も戦前は同じであり、戦後も、レッドパージなど同様の目に遭っていたので、一九六一年綱領にその種の規定が残ったのは理解できる。

しかし、共産党が平和革命路線を確立し、それが定着したあとも、物理的な暴力行為を連想させる「破壊」という用語を使うのは納得できない。公安調査庁による破防法調査指定は続いているので、党として警戒心を持つことは当然であろうが、それをはねのける力は、あくまで言論によって国民多数の支持を獲得することにある。そうした活動を、「破壊」活動に対する抵抗のように描いてしまっては、国民の共感も得られない。二〇〇四年綱領が「党破壊」という用語を一掃したのも、そうした見地からのものであろう。

ところがそれが復活しつつある。スターリンが生みだした思考方法を、〇四年綱領で否定したのに、なぜいまの日本の共産党が採用するのだろうか。

共産主義は、もともとマルクスが「すべてを疑え」と言ったように、自分の正しさをも疑う誠実さが内包されている考え方である。自分が無条件に正しいと信じてしまったら、それ以上に考え方を発展させることが難しくなる。現在の共産党員も同じで、理論や政策の問題で「これは間違いだ」と考えれば、党内で批判を行い、活発に議論しているのである。

しかし、現在の共産党員の多くは、「スターリン時代の中世的な影」が刻まれた六一年綱領のもとで活動してきた。「権力」による「党破壊」という概念が染みついた世代である。だから、「権力と結託した党破壊」「支配勢力に屈服した党破壊」がなされているということになると、党への愛情が優《まさ》っている分、六一年綱領の思考が復活する場合があるわけだ。

いや、そういう問いの立て方がよくないのかもしれない。スターリン批判は世界の共産党が試みたし、日本共産党はその先駆と見られたが、〇四年の綱領改定まで影が残り続けた。しかし、私だって、自分が活動の指針にしている綱領にスターリンの影が残っているという自覚はなかった。多くの党員も同じだろう。ということは、いまも共産党にスターリンの影が残っているのだけれども、誰もそれに気づかないだけかもしれないのだ。気づく力があれば、六一年綱領の問題点も早くから自覚できたはずだが、それができなかったということは、個々の党員がよほど自覚的に自省しつづけない限り、共産主義政党を悩ませる問題なのかもしれない。ということは、党中央が打ち出すどんな概念であっても、党員がそれを相対的、批判的に見る努力をしないと、結局、同じことになるということなのだ。

4　私に同調する党員には本心の告白を迫る

共産党の大会代議員選出の仕組み

共産党が私と権力の「結託」という構図を描き、私に対する名誉毀損を堂々と開始したのは、先ほど紹介したように、二三年一〇月初旬の第九回中央委員会総会である。それには理由があった。この総会において、翌二四年一月の党大会——そこで私の再審査が行われる——の招集が正式に決まったのである。

共産党のシステムでは、大会の招集が決まると、すべての党組織が本格的な準備を開始する。まず、全国で二万ほど存在する「党支部」という基礎組織の総会が開かれ、その上にあっていくつかの支部の集合体である「地区党」（約三〇〇）の総会に派遣する代議員を選ぶ。その「地区党」の総会において、さらに上にある「都道府県党」の総会の代議員が選ばれる。そして、四七ある「都道府県党」の総会では、全国大会に派遣する代議員を選ぶのである。最終的に合計で約六五〇人の代議員が選ばれることになる。

最初の「党支部」での代議員選出にあたっては、大会で議論して採択される決議案を議論し、それに賛成するか反対するかが問われる。今回の大会の場合、その決議案は、一一月一三、一四日に開かれた第一〇回中央委員会総会で採択された。その日をもって、代議員の選出が開始されたわけである。

私は、党大会での除名問題の再審査を求めていたので、「党支部」の段階での議論に間に合うよう、決議案が採択される以前の一一月一日付で、「再審査請求書」を党中央に送付した。第九回中央委員会総会で決定された大会の議題では、再審査のことにはふれられていなかったが、「その他」の議題に含まれると信じて、早めに提出したのである。残念ながら、私の再審査請求書は、事前に党員が読んで議論する対象には加えられず、大会の場でも代議員には配布もされなかったのだが、私はブログやＹｏｕＴｕｂｅ動画を使って再審査では除名撤回の立場に立ってほしいとの訴えを開始することになる。だから共産党の側も、私の再審査を却下するため、本格的に私と権力との「結託」の構図を描き出したわけである。

少数意見は大会に反映しにくい仕組み

共産党の代議員選出システムをよく知っている私の友人は、そんな私の行動を見て、共通して無謀な挑戦だと言っていた。民主主義の世界では、多数意見にもとづく運営がされることを前提としつつも、少数意見をどう反映させるのかに配慮がなされるけれども、共産党の代議員選出ではそれと真逆の方法がとられるからだ。

例えば「地区党」が「都道府県党」の代議員を選ぶ場合を想定してみよう。「地区党」には事前に一〇名の代議員を選出する権限があることが伝えられたとする。そうすると「地区党」指導部は、党中央の決議案を支持する人のみを一〇名選び、推薦名簿に載せて会議に提案する。決議案に「ノー！」という人は名簿に載せてもらえない。もちろんそういう人であっても、自分が代議員になりたいのであれば、一一人目として立候補はできる。

しかし、選ばれるのは一〇人と決まっているので、誰か一人は落選することになる。ということは、決議案を支持する人が過半数を占めていれば、一一人目として立候補した人がたとえ二割、三割の人に支持されたとしても、その人は落選するということである。「地区党」内の支持が二割、三割程度では、その声は「都道府県党」までは届きようがないのだ。

それと同じ方式が、「都道府県党」が党大会代議員を選ぶ際にも適用される。党中央の決議案に反対する人は、「地区党」段階でほぼ切り捨てられているが、「都道府県党」段階でも同じやり方がとられるので、全国大会に選ばれる代議員は党中央支持派で占められることになる。こうして、党内には二割、三割の異論が存在しても、全国大会では全会一致で党中央の提起が支持される光景が長年にわたってくり返されてきたわけである。少数意見を大会に反映させるには、「地区党」「都道府県党」それぞれの段階で、少数意見だと分かっている人を意識的に推薦名簿に載せるしかないということである。

こういうシステムなのだから、たとえ私の再審査で除名に反対の人が二割、三割いたとしても、全国大会に選出されるのは至難の業だと分かっていた。一一月末になって、私のところには「地区党」会議の様子が伝わってきたが、除名反対で立候補する人がいた場合、最大で三割程度の支持が集まっていた。この数字は、それまでつねに満場一致で可決がくり返されてきた共産党の歴史のなかで、かつてない出来事だったといえる。「党破壊者だ」「権力と結託している」とあれだけの大規模な名誉毀損をしながら、これだけの支持が集まるのだということに、私はかなり感動していた。

しかし、除名反対派が切り捨てられているのは、否定できない現実である。反対を明言する人がいない場合は、ただただ除名賛成の議論がおこなわれ、何の波乱もなく代議員の選出が進んでいった。最初から分かっていたことではあるが、私としては、大会の場に除名に反対する代議員が一人も出てこない想定が現実のものになりつつあると覚悟せざるをえなかった。二割、三割の支持があることは予想を超えた事態であったけれども、代議員選出という視点から見れば、「党中央の完勝」が見えていたのである。

「党中央は余裕綽々《しゃくしゃく》だろうな」。それが一一月末の私の偽らざる胸中だった。ところが一二月一日、出張先の岡山のホテルで目覚めると、友人から「『赤旗』を見ろ」とのメールが入っており、急いでパソコンを起動して「赤旗」電子版にアクセスし、びっくり仰天することになる。

私が「本心を隠して党大会代議員になるよう『指南』」!?

「除名処分された人物による党大会かく乱策動について」――これが一二月一日の「赤旗」に掲載された論文のタイトルだ。筆者は土方明果組織局長である。まず中心的な論点を引用しておこう。

「見過ごすことができないのは、松竹氏が、自らに同調する党員に対し、本心を隠して党大会代議員になるよう『指南』していることです。

松竹氏は、七月に開かれた『対話集会』で、何人かから『党大会代議員になって除名処分をくつがえしたい』と言われたとのべ、同時に、『その問題を党内でつよく主張すると、反発されて代議員に選ばれないかもしれない』という『不安な気持ち』を聞いたとして、『そこがいちばん難しいところ』、『現在の党指導部の方針に反対していたとしても、必ずしも明確に反対すると言わないやり方もある』（七月一〇日、ブログ）と『指南』しています。要するに、松竹氏は〝自分の本心を隠して党大会代議員になり、大会の場で公然と批判せよ〟という工作を行っているのです。」

私が党員に対して「本心を隠して党大会代議員になるよう『指南』」したと言われても、まったく記憶にない。とはいえ、私のブログ記事をカギ括弧付きで引用しているのだから、該当記事を確かめてみた。その部分は実際にはこういうものだった。

「現在の党指導部の方針に反対していたとしても、当時の宮本（顕治）氏のように、必ずしも明確に反対すると言わないやり方もある。そして、必要な時と場所で、堂々と態度を明確にすればいいということです。宮本氏のやり方に倣って。」

土方論文は、私の文章から「当時の宮本氏のように」という部分を、そっくり削除している。削除しても意味が通じるなら、そういう引用の仕方をすることもあり得るだろう。しかし、この文章の場合、私がブログ記事の後半で紹介している宮本氏の言動を知らないと意味が通じないどころか、正反対のものに受け取られる可能性がある。だから、本来ならば全体を引用し、宮本氏の何のことを書いているのだろうと読者に思わせないといけない箇所なのである。ところが、そうしてしまうと、私を批判するという論文の目的が達せられないので、こうやって改竄《かいざん》したというわけである。しかも削除した形跡を残していない。仮にも論文を書く人なら、削除した部分に「……」を入れるなどしないと誠実さを疑われることになるが、そういう形跡を残さないことによって、読者が私の宮本論にたどり着くことをあくまでも阻止しようとしたわけである。貧すれば鈍するとはこのことだろう。

「五〇年問題」の際の宮本顕治の態度

党員でない人や若い党員は知らないことだが、共産党は一九五〇年代、深刻な分裂を経験した。その後に党首となって長く党を率いた宮本顕治氏も、九州地方委員会に左遷されることになる。そして、暴力革命を肯定した「五一年綱領」路線の破綻が明確になった段階で、宮本氏が党指導部に復帰し、平和革命路線の「六一年綱領」をつくりあげていくのである。

私がブログで指摘したのは、宮本氏が暴力革命肯定の五一年綱領の制定当時、それへの賛否を明確にしなかったことを指している。それでも宮本は分派だから除名せよというはげしいキャンペーンにさらされることになるのだが、もし反対だと明言していたなら、左遷どころか除名されてしまっただろう。逆に賛成だと言っていたなら、その後の共産党の平和革命路線への転換が困難になっただろう。

難しい問題を前にして、ただちに判断が下せない場合がある。そういう場合は、「宮本氏のやり方に倣って」「必要な時と場所で、堂々と態度を明確にすればいい」と私は書いたのだ。具体的には、こう書いている。

「私の再審査にどういう態度をとるかは、大会の場で決めればいいと思うのです。党大会で、私の弁明を聞いたり、再審査請求書を読んだり、同時にそれに対する党指導部の反論を聞いたりして、その上で代議員一人ひとりが判断すべき問題です。代議員をえらぶ時点で踏み絵にしていい問題ではない。そんなやり方は規約上の最高機関である大会での議論を軽視することであり、規約を貶めることです。」

本心を隠せなどとは、どこでも言っていない。五〇年問題で宮本氏は悩んだけれども、最後は暴力革命を明確に否定するに至ったのは、きっと激しい議論を通じて認識を発展させたのであろう。議論というのは、難しい問題を判断する際、自分の認識を発展させたり、変更したりする上で不可欠である。だから、私の除名問題で悩んでいる党員も、大会の場での議論を通じて自分の態度を決めればよいということだ。あらかじめ最終的な態度が決まっているなら、大会での議論など不要である。そんな当たり前のことを述べているだけなのだ。

私を支持する人が存在していることを背景にして

土方論文が出された一二月一日は、「地区党」会議が順調に進み、「都道府県党」会議が開かれようとしていた時期である。その「地区党」会議では、すでに紹介したように、私の除名に反対だと明言して代議員に立候補し、三割程度の支持を得たが当選できないという例が生まれていた。そうやって「都道府県党」会議まで乗り切れば、党大会には除名反対の代議員は出て来られない局面がつくられようとしていた。

しかし、党中央はそこでハタと考え込んだのではないか。除名反対を明言しない党員がいたら、知らぬ間に大会に潜り込んでくるのではないかと。実際にその後、「地区党」段階で除名反対派を落としたはずなのに、「都道府県党」段階でも除名反対を公言して立候補し、二割ほどの支持を得る例が生まれることになる。そういう場合は落選させればいいのだが、もし除名反対を明言しないで代議員になる例が生まれてしまうと、党大会において代議員の満票で再審査を却下する思惑が崩れてしまう。

そこで土方論文は、最後にこう強調したのだ。全員に名乗りでよと圧力をかけたのである。

「もし党員が『党指導部の方針に反対』であるなら、支部総会や県・地区党会議で堂々と表明し、真剣な討論を行うべきでしょう。」

党中央の焦りは、論文が出た直後（四日）の常任幹部会の議事内容にもあらわれた。その日の議事録を見ると、「わが党の圧倒的部分は綱領と規約、党の政治・組織路線への確信をもっている」としつつ（私だって綱領と規約は正しく、党中央がその路線から外れているという認識だ）、「過小評価はすべきでない」とも述べている。その上で、党内には「確信をもっている」部分以外に二つの潮流が生まれていることを指摘している。一つは、「政治的・思想的に党員としての資格・実質を喪失しているもの」である。もう一つは、その中間で動揺している部分と言っていいだろうか、「松竹氏の策動に同調したり、疑問をもっているが、きちんと話せばわかる党員」である。

党員を三分類するこの常任幹部会の議事録を読んだとき、すぐに頭に浮かんだのは北朝鮮のことであった。二〇一四年に作成された「北朝鮮の人権状況に関する国連調査委員会」の報告書（「朝鮮民主主義人民共和国における人権に関する国連調査委員会の報告書」）に書かれていることだが（外務省ＨＰに翻訳あり）、あの国でも「『成分』制度」と呼ばれる国民の区分けが存在し、国民は三つの階層に分けられている。その分け方が、「核心階層」「動揺階層」「敵対階層」となっているのも、日本共産党の三分類と似ている。

党員のなかにそれほどの動揺が広がっていることを心配しているなら、政党の指導者がなすべきことは、自分たちの方針のどこかに問題があるのではないかと、一度立ち止まって考えてみることだろう。先ほど紹介した五〇年問題の際も、宮本顕治は自分が主導してつくった綱領草案に関して、党内に三割程度の反対派がいたことをふまえ、五八年の党大会の時点では採決せず、さらに三年間の全党的な議論を組織したのだ。ところが、現在の党指導部は、そんな判断ができず、疑問を持った党員を切り捨てていく対応しかとれないのである。

5　これが大会での再審査と呼べるものなのか

党中央はこれだけの対策を講じた。そして二〇二四年一月一五日、党大会が開催された。その結果はどうだっただろうか。

再審査したのは「大会」ではなく二一人の「幹部団」のみ

一年間にわたってあれほどの名誉毀損を私に加え、あれほど慎重に除名反対派が代議員に選ばれることを阻止していったので、大会にやってきた約六五〇人の代議員の全員は、私の再審査を却下すべきと考えるはずだった。それならば、私の再審査請求書を代議員に配布し、私に意見表明をさせ、私への批判発言も組織して議論をした上で、堂々と却下して誰一人として除名に反対しなかったと宣言するのが自然な流れであっただろう。最高機関で除名の再審査をするという規約の定めは、五〇年問題を通じて多数派でも間違えることがあるという痛苦の教訓が生みだしたもので、それをおざなりのもので終わらせれば将来に禍根を残すことになるからだ。

一方、私は前年の一一月一日に再審査請求書を提出していたが、それから二カ月以上にわたり、再審査を実施するという返事は来なかった。それ以前に、受理したという事務連絡さえない。非常識だとは感じたが、再審査は必ず行われるし、その場合は私が代議員に意見表明する機会があるはずだと考え、急な呼び出しにも慌てないよう、党大会が開かれている会場まで車で一〇分で行ける熱海に泊まり、連絡を待っていた。

再審査は大会二日目の一六日に実施された。だが私は最後まで呼ばれることがなかったし、当然、意見表明もできなかった。しかも、再審査を行ったのは大会代議員ではなく、初日に選ばれた「大会幹部団」二一人のみであった。したがって、私の再審査請求書は、約六五〇人の代議員には配布されなかったのだ。大会幹部団の一員で、この問題での報告を行った山下芳生副委員長は、「大会幹部団の責任で再審査を行い、その結果を大会に報告する」のが通常のやり方だと述べたのである。

再審査を否定した際のやり方を踏襲して

だから、大会は報告を受けるだけの存在なのだが、なぜか「赤旗」（一七日付）に掲載された「党大会日誌」を見ると、「大会に報告、却下を承認」とされている。報道記事では、「大会に報告、代議員の拍手で承認された」とある。どうしても大会代議員が関与して決定されたことにしたいのだろうし、実際に報告をしたあと議長が「ご承認をお願いします」程度のことは促し、拍手はされたのであろう。しかし、山下氏が述べているように、再審査の「責任」が大会幹部団にあり、大会は「報告」を受けるということは、大会幹部団の決定こそが最終的なものだということである。「承認」といっても通常の議決の場合のように、賛成、反対、棄権を問うという採決行為がされているわけではないし、拍手をした人の数、しなかった人の数を数えたわけでもない。いかなる意味でも、決定したのは大会幹部団であり、大会そのものでないことは明白であろう。

なお、「大会幹部団の責任で再審査を行い、その結果を大会に報告する」やり方について、山下氏は「除名処分をされた者が大会に除名処分の再審査を求めた例は過去にもある」とし、「これまでの対応を踏襲」したと述べている。これは虚構である。再審査の規定がある党規約が定められた第七回大会（一九五八年）以来、公開議事録を見る限り、再審査が実施された記録はない。第九回大会（六四年）において、中野重治などが除名取り消しの要請書を送ってきたが、この時の「大会日誌」によれば、こう対応したとある。
「『これは大会にあてたものでもなければ、大会幹部団にあてたものでもなく、正規の規約上の手続きを経たものでない。大会幹部団はこれを無視することにした』と報告した。全代議員はこの措置を割れるような拍手で承認した。」

規約上の再審査に当たらないからとして、大会幹部団が無視することを決定し、その決定を大会に報告し、代議員の拍手で確認しただけなのだ。そういう際にとられたのと同じやり方を、規約上の再審査だと認められた私の場合に適用するなど、あり得ないことではないだろうか。異なるのは、九回大会では「全代議員はこの措置を割れるような拍手で承認した」としたが、今回の私の場合は、「全」とか「割れるような」とは書くことができず、ただ「拍手で承認」とされていることだ。大会幹部団の後ろめたさが感じられる。

大会代議員からも異論が提起された

大会幹部団の後ろめたさを生んだのは、大会前にあれだけ用意周到に異論を排除してきたのに、大会では異論が表面化したからである。過去では考えられない三つの出来事があった。

一つは、党大会に向けた討論誌での異論の表面化である。共産党は、大会が「最高機関」であることに鑑み、代議員として参加できない党員も決議案への意見が表明できるよう、「大会決議案への感想・意見・提案」と題したタブロイド紙を発行する。今回も三分冊で一〇〇ページ超のものが出され、三〇〇名以上が意見を述べているが、そのかなりが異論で埋め尽くされており、異例のものとなった。しかし、党中央からは、これらの批判に対する釈明はされていない。

二つは、党大会直前に七人、大会後に一一人の党員が全国から東京に集まり、私の除名や党内で横行するパワハラを批判する記者会見を行ったことである。誰であるかが特定されてしまうと処分されるため、名前や顔を隠したままでの会見であったが、そういう危険を冒してでも発言しなければならないという切迫感にあふれたもので、党内では衝撃が広がったと思う。党外の驚きは、共産党員は顔や名前を出して党を批判できないことだった。

三つは、党大会の代議員からも、やはり異論が出されたことである。神奈川選出の代議員（県議会議員でもある）が、こういう発言をすることになった。一部を紹介する。

「松竹氏に怒る仲間の声がありますが、問題は出版したことよりも除名処分ではないでしょうか。何人もの方から、『やっぱり共産党は怖いわね』『除名なんかやっちゃだめだよ』と言われました。……『志位さんに言っておいてね』と言われましたので、この場所に立たせていただいています。

『結社の自由』を唱えてみても、党内論理が社会通念と乖離《かいり》している場合に、寄せられる批判を『攻撃』と呼ぶのではなく、謙虚に見直すことが必要ではないでしょうか。規約に反したことをしていたとしたら、当然、処分もありえるのでしょうが、それが除名なのか。犯罪を犯したわけでもない人に、この処分の決定の早さと重さについて、疑問をもつ仲間は少なくありません。この党大会にも、その声は多数寄せられているようです。……わが党が民主的である証左として、松竹氏による再審査請求を適切に受け止めて、国民の疑念を晴らすべく、透明性をもって対処することを要望します。……」

私が裁判で訴えるべき党首は志位氏か田村氏か

いずれにせよ、私の再審査は二一人の幹部団によって却下され、裁判に訴えるしか党に戻る道はなくなったことになる。私は党大会直後の一月二二日、弁護団とともに記者会見し、三月上旬に東京地裁に提訴することを明らかにした。

大きなニュースになったからよく知られていることだが、この大会で、党の委員長は志位和夫氏から田村智子氏に代わることになる。初めての女性党首だということで話題になった。田村氏は、一年間にわたる私の除名問題の論争のなかで、もちろん私を批判する立場に立ってきたが、他の党幹部と異なり、私を「党破壊者」と呼んだり、私と権力の関係を問題にするような発言はしてこなかった。党中央委員会を提訴すれば、必然的に党首である田村委員長を訴えることになるので、多少の躊躇はあったのだ。志位氏が議長となり実質的な権限を持つ「院政」となるという報道があったが、共産党の規約上、「議長」は置いても置かなくてもいい役職であって、少なくとも形式的には委員長が党首であることは動かないからだ。

ところが、二五日の「赤旗」を見て、びっくりすることになる。「各紙の日本共産党大会報道――鋳型にはめこむだけでいいのか　事実見ないマスコミ」という見出しの記事で、こう書いてあったのだ。

「党指導部を選出した第一回中央委員会総会では、志位氏が中央委員会議長として、『党を代表するものの一人として、引き続き党の活動のあらゆる分野で必要とされる責任を果する』ことを確認するとともに、田村氏が幹部会委員長として、『国政のうえで党を代表する』ことを確認しています。公的な職責についていないものが政治をろう断する『院政』などとは無縁です。」

そんな大事な決定が公式に発表されず、「赤旗」の記事で、しかもマスコミ批判の記事で明らかにされるなど、決定の大切さをどう考えているのか疑った。ただ、田村氏が党を代表するのは「国政のうえ」だけであって、その他「あらゆる分野で」志位氏が「党を代表する」のだったら、田村氏を訴えなくていいことになる。ホッとしたものである。

それなのに、田村氏に対する私の見方は甘かったのだ。二月六日に開かれた共産党の都道府県委員長会議において、田村氏は「まとめ」を行ったのだが、「元党員の除名処分について」重視すべき点として、「支配勢力の攻撃にのみ込まれ、射落とされ、屈服したという政治的本質をよくつかむことです」と述べたのである（「赤旗」七日付）。

事実無根の人権侵害、人格攻撃、名誉毀損の典型である。これで誰を提訴するか、迷う必要がなくなった。どちらでも同じだということだ。結局、私の裁判では「日本共産党」を被告とし、その代表は「志位和夫」氏ということになった。それは共産党の法人登記書類を取り寄せたら、代表者のトップに志位氏がいたからということにすぎない。

6　名誉毀損なしに除名の確定はなかった

言論には言論で対抗して名誉を回復したいが

二〇二三年二月に私が除名された際、その理由となったのは、党の綱領や規約に違反しているということであった。そういう認定に同意はできなかったが、綱領や規約を理論的にどう捉え、どう解釈するのかをめぐる見解の違いは生まれうることであって、その限りでは理論的な論争の範囲内の問題に止まるものであった。

しかし、これまで紹介してきたように、党大会での再審査を求めることを表明した途端、私への党中央の批判は、「党破壊者」や「権力との結託」など、事実や根拠を何も示さない人格攻撃、人権侵害になっていく。法律用語にすると名誉毀損ということになる（なお名誉毀損は事実を示した場合も成立することがある）。

名誉毀損というのは、普通の罪とは異なり、身体を傷つけられたとか財産を奪われたというものではなく、あくまで言論によって社会的な評価を下げる行為のことを意味する（その結果として利益が減少するなどのことはあろう）。だから言論には言論で対抗すべきであり、裁判に訴えるのは例外的な場合に止めるべきだという考え方も存在し、私も一般的にはそういう立場を肯定するものだ。私の対抗言論によって言論が活性化し、その結果として名誉が回復していくことが、もっとも望ましいと考える。

けれども、私に対する名誉毀損は、まさにその例外的なケースに当たると考える。なぜなら名誉毀損と私の除名確定（＝再審査の却下）が一体不可分のものだからだ。私に対する事実無根の名誉毀損は、党大会における再審査で代議員を私に同調させないために開始され（社会的評価を下げるという名誉毀損の目的は代議員の私に対する評価を下げることにあった）、一年間にわたって執拗に続けられた。それにもかかわらず、党中央は代議員に再審査請求書を配って意見を表明させるようなことはできず、二一名の大会幹部団だけの「責任」で却下するという対応をとったのだが、少なくともそういうやり方に対して代議員からの組織的な抗議が起きない程度には私の評価を下げることに成功したのであって、名誉毀損の効果はあったのだと考えられる。

すなわち、「党破壊者」「権力との結託」といった事実無根の私への人格攻撃があったがゆえに再審査が却下された可能性が非常に高く、これが名誉毀損に該当するものならば再審査却下の正当性自体が揺らぐことになる。したがって以下では、どのように名誉毀損が成立するかを明らかにしておく。

法律ではどう定められているか

まず名誉毀損とは何を意味するのか。これを罪として定めた刑法第二三〇条には以下のような規定がある。

「公然と事実を摘示《てきし》し、人の名誉を毀損した者は、その事実の有無にかかわらず、三年以下の懲役若しくは禁錮又は五十万円以下の罰金に処する。」

刑法上の名誉毀損罪は戦前から存在した。この罪の特別罪として制定された不敬罪が言論表現の自由に反するものであったことに象徴されるように、名誉毀損罪も同様の性格を有していた。そこで戦後、日本国憲法の制定をふまえ、二三〇条にもかかわらず「公共の利害」に関する場合は罰しないという特例が生まれる。

「前条第一項の行為が公共の利害に関する事実に係り、かつ、その目的が専ら公益を図ることにあったと認める場合には、事実の真否を判断し、真実であることの証明があったときは、これを罰しない。」（第二三〇条の二第一項）

名誉毀損は、人の社会的評価を傷つける行為であるので、民法七〇九条に定める不法行為に該当する。戦後の日本では、名誉毀損は多くの場合、民法上の不法行為として争われてきた。その莫大な積み重ねから、現在、名誉毀損の成立には以下のような要件が必要とされているようだ。

名誉毀損の成立の要件と不成立の要件

まず刑法にある「公然と事実を摘示」することだ。「公然」とは、特定の人々の間での情報交換に止まらず、まさに不特定多数の人に情報を伝える状況であって、誰もが見ることのできる「赤旗」に情報を載せることがそれに該当する。

「事実を摘示」するとは、事実関係（真実でなくてもいい）を具体的に指摘することであり、情報の真偽を確認できない評価や感想を述べるだけでは、「事実を摘示」したことにはならない。この点でも、私が党を破壊しているという〝事実〟、私が権力と結託しているという〝事実〟を指摘することで、私の社会的評価を下げようとしたわけである。

では、「人の名誉を毀損する」とはどういうことか。これは、社会的評価を低下させるおそれのある行為のこととされる。「社会的」というのは、世間の評価や名声などを指すからであって、プライドや自尊心などと呼ばれる個人の名誉感情は含まれない。なお、実際に社会的評価が低下したかどうかまでは要件として求められず、低下のおそれがあればよいとされている。

刑法では、「事実の有無にかかわらず」とあるが、これが意味するのは、情報の内容の真偽を問わないということである。つまり、ウソであっても真実であっても、その情報によって私の社会的評価が下がれば、名誉毀損罪は成立し得るのだ。

一方、前記の要件を満たしたとしても、先ほど引用した刑法第二三〇条の二第一項をふまえ、名誉毀損罪が不成立となる場合がある。問題の表現が「公共の利害に関する」事項であり、かつ「専ら公益を図る」目的でなされた場合である。その場合は、「事実の真否を判断し、真実であることの証明があったときは、これを罰しない」とされる。つまり、私に対する批判が「公共」「公益」に属する場合、批判の内容が真実であれば名誉毀損は成立しないことになる。

真実であることの証明は、情報を広めたものが行わなければならない。ただし、真実ではなかった場合でも、真実であると信じたことに相当の理由があると判断された場合は処罰されないとされる。これらが揃えば第二三〇条の違法性が成立しないので、違法性阻却事由と呼ばれる。

「かく乱者」表現が名誉毀損とされた事例

判例によれば、ある表現が名誉毀損に当たるかどうかは、「一般読者の普通の注意と読み方」によって判断されるそうだ。「党破壊者」や「権力との結託」などの表現は、どうゆるく解釈しても、一般読者が読めばそれだけで犯罪者のことを指しているように思われるものであり、私の社会的評価を下げる名誉毀損であるのは間違いない。共産党は、党員の同調を得るために激しい言葉を使うことによって、逆に一般読者からすると信じられないような受け止め方をされる危険を冒したことになる。

なお、名誉毀損の違法性阻却事由である「公共の利害に関わる事項」「専ら公益を図る目的」はかなりゆるく解釈されているようだ。国家的、行政的なものだけでなく、宗教団体や企業活動でも適用されている。その点で、共産党が私を公然と批判すること自体は、名誉毀損を構成することにはならない。問題は、その場合であっても、「党破壊者」などの表現が真実であることを共産党が証明しなければならないことである。

私に対して「かく乱者」「破壊者」という批判がされたことも紹介したが、じつは、それと同じ表現が名誉毀損に当たると判断された事例が存在する。東京地裁の一九六四年一

○月一六日の判決である。これは日本医師会が、「第二医師会」設立の動きをしているとみなした会員の医師に対して、機関紙で批判を加えた事件に関するものである。

判決にある原告の主張によると、日本医師会は原告に対して、「策動分子、陰謀家、権力追従者であるかのような誤った強い印象を与えるべく宣伝した」とされる。また、「攪乱会合の実況と結果のルポ」と題する記事を載せ、「統一行動に反対した異端分子……が医界攪乱の動きを見せる」と報じたという。それらを原告が名誉毀損だと訴えたものだ。

「下級裁判所民事裁判例集」によると、この判決では二つの問題が判示されたとされる。一つは、「執行部がその構成員に団体の秩序を破壊する行為があったと指弾したことが名誉き損に当たるとした事例」である。もう一つは、「法人たる職域的団体の理事が秩序破壊行為をしたとみられる構成員に対してとりうる措置の限界」である。私の事例に酷似しているではないか。

『名誉毀損裁判』（平凡社新書）を著した浜辺陽一郎氏は、この事例を取り上げて、必ずしも名誉毀損になるものではないとする。以下のような理屈も成り立つ可能性があるからだ。

「たとえば、ある職域的団体において主流派の人々と意見を異にする人々を、『異端分子』『攪乱の動き』等の表現で批判した文章が問題となったことがあった。これは、見方によっては、その人々が反主流派であるとの評価が一般的にあるとすれば、主流派から当然にそうした表現で批判される立場にある以上、その社会的評価が下落することにはならないはずだ。つまり、この表現は、『反体制的な批判者』であるという意味にすぎず、その指摘自体は、何らの社会的評価の下落も伴わない。」

しかし判決は名誉毀損を認定した。関連する箇所を引用しよう。

「職域的団体に所属して社会的活動に従事し、各人の社会的地位に応じて社会に貢献しているという名誉と感情をもち、自己の所属する団体の秩序をみだす者であるとの指弾を受けることはその者にとって不名誉なことであり、社会の不評を招いてひいてはその社会的活動を封ぜられることにもなる。」

「『異端分子』、『医界攪乱の動き』、『主宰者のよこしまな意図』等の辞句が用いられ、これを一読する者をして、原告が日医に反逆してその分断を策し、日医会員たるにふさわしくない団体生活の秩序破壊者であるとの印象を与えるものである。」

名誉毀損成立から除名の撤回へ

この判決は、私の場合にも十分援用可能なものだと考える。私の判決は以下のようになるのではないか。

私はすでに共産党から除名されてはいたが、党に戻ることを願い、大会での再審査を求めていた。一般的に私が「反主流派」であるという評価は存在していたから、主流派から批判されることは甘受しており、「反体制的な批判者」と言われるだけなら、社会的評価が下がることはなかっただろう。

けれども、「かく乱者」「破壊者」という表現は、党員でありたいと希望している私に対して、「党の分断を策し、党員たるにふさわしくない団体生活の秩序破壊者であるとの印象を与えるもの」であった。だから裁判所はこう判断して名誉毀損が成立するとした。

「党に所属して社会的活動に従事し、各人の社会的地位に応じて社会に貢献しているという名誉と感情をもち、自己の所属する団体の秩序をみだす者であるとの指弾を受けることはその者にとって不名誉なことであり、社会の不評を招いてひいてはその社会的活動を封ぜられることにもなる。」

こうして名誉毀損を成立させ、名誉毀損と一体となって行われた再審査却下の判断も、さらには除名の決定も間違いだったと、裁判所に認定してもらう。これが私の戦略である。

第二章　結社の自由と言論・出版の自由の均衡点

第一章で見てきたように、私の除名撤回の訴えは共産党には届かなかった。だから二〇二四年三月七日、東京地裁に訴えを起こしたわけだ。

では裁判所はどう判断するだろうか。これまでの判例がそのまま適用されれば、私の勝ち目は薄い。裁判所は、政党の結社の自由に特別の重要性を認め、政党内の除名など内部問題は自治に委ねているからである。私が挑戦しようとしているものの大きさを知ってもらうためにも、まずその点を論じておこう。

1　部分社会論と袴田最高裁判決の法理

司法は政党の内部問題に介入することを避けてきた

あまり話題になることはないが、共産党に限らず、他党の除名処分も時として裁判になることがある。最近では二〇二一年、自民党の東京都日野市の市議会議員が除名され、それを不服として訴えたことがある。あるいは〇九年、民主党の東京都議会議員が除名されたのだが、同様の訴えをしたことがある。政党の違いを超えて、このような事件は起きているわけだ。しかし、裁判の結果を見ると、つねに被告となった政党の側が勝利している。

自民党市議の裁判では、「本件各処分が政党の内部規律の問題にとどまる限り、政党の自律的な判断を尊重し、これを前提として請求の当否を判断すべきものと解するのが相当である」との判断が下されている（東京地裁二〇二二年六月一四日）。民主党都議は、同党の政権公約の問題点を指摘する論文を公表したために除名されたことを受け、裁判では憲法の「表現の自由」を持ち出して除名処分の不当性を訴えたが、裁判所はそれに対してこう判断している。

「本件除名処分は……直ちに表現の自由や知る権利とかかわるものではない。むしろ、政党の内部的自律権に属する行為の尊重は、議会制民主主義における政党の重要性や政党の結社の自由から導かれるものであって、それ自体憲法上の要請であり、……政党が党員に対してした除名処分が一般市民法秩序と直接の関係を有しない内部的な問題にとどまる限り、裁判所の審査権は及ばないのである。」（東京地裁二〇一一年七月六日）

これは部分社会の法理と呼ばれる。日本の裁判所は、構成員によって自主的に運営されている団体内における事件の場合、団体の自律性を尊重し、裁判所が介入することを可能な限り避けてきた。そこで構成員の言論・出版の自由などの権利が侵害される事態があっても、あたかも団体に人権のあるがごとく、団体の自主性に委ねてきたのである。その団体が政党の場合、憲法に規定された結社の自由によってこの論理が強まることになり、一九八八年の袴田除名事件の最高裁判決が判例として確定しているというわけである。

私の場合、第一章で論じたように、党大会での再審査の正当性が争われる点で、他の除名事件と根本的に異なる。また、第三章で述べるように、そもそも二〇二三年二月の除名決定が規約上の瑕疵《かし》に満ちている点でも、これらの裁判が先例になるものではない。

しかし私は、それでは満足しない。最高裁判例が重視する結社の自由は、その結社の一員として頑張ってきた私としても大事だと考えており、いささかも否定するものではないが、どんな人権侵害があっても裁判所は原則として介入できないという考え方は適切ではない。結社の自由と政党員の言論・出版の自由は、どこかで均衡する点を探り出さないといけないと思っている。

そのためにも、袴田除名事件の最高裁判決はどんな論理構成をしているのかを見ておかねばならない。だがその前に、袴田除名事件そのものについて解説しておこう。

現行の判例をつくった共産党袴田除名事件の経緯

共産党副委員長を務めていた袴田里見が、『週刊新潮』（一九七七年末に印刷された七八年一月一二日号）に党の路線などを批判する「手記」を寄稿し、発売前に現物を入手した共産党から「規律違反（党外からの党攻撃）」を理由に除名処分を受けたのは七七年一二月末だった。その年の四月に党員としての権利制限を受けて調査が開始されていたが、袴田は調査に応じなかったことから、一〇月の党大会で権利停止処分が下り、一二月の前記「手記」をもって除名処分を決定する統制委員会が開かれる運びになる。その際、党は会議での弁明の機会を与えると伝えたが袴田は欠席し、除名処分が決定されたものである。

それを不服として袴田が裁判を起こしたわけではない。この裁判は共産党が提訴して開始された。袴田は党幹部である間、党が与えていた住居に住んでいたが、除名後も党の求めを拒否して立ち退かなかったので、家屋明け渡しを求める訴訟を共産党の側が起こしたのである。その裁判のなかで袴田が住居に居座る理屈として除名の不当性を訴えたため、政党による除名処分をどう考えるかが審査の対象となり、八八年、最高裁で判決が下され、それが今に至るも判例として通用しているわけである。

裁判では、政党の内部審査に属する除名処分が、果たして司法審査になじむのかが最大の争点となった。袴田の側は、除名処分は手続き的にも実体的にも違法・無効であり、これを前提とする家屋明け渡し請求は認められないと主張した。共産党の側は、除名処分の適否は政党の内部自治に委ねるべきで司法審査の対象にはならないこと、仮に司法審査の対象になるとしてもそれは政党の定める規約の手続きに違反する場合に限られるべきであり、その点から除名は規約にそって適正に行われたので有効であると反論した。これに対して袴田は、政党の内部的処分も法律上の訴訟であり司法審査の対象となること、仮に政党の内部自治を尊重してその措置に委ねるべき事項があったとしても、今回の除名処分は住んでいる家屋から追いだされるという点で自分にとって著しく不利益であり、司法審査の対象になると反論した。

最高裁は八八年一二月二〇日、袴田側の上告を棄却し、共産党側の勝訴が確定する。じつはこの判決、部分的な引用文がよく見られるが、全文でも一五〇〇字程度（本書三ページ分）の短いものである。資料としても貴重なものだから、その全文を見てもらいたい。

袴田事件最高裁判決全文

主文

本件上告を棄却する。

上告費用は上告人の負担とする。

理由

政党は、政治上の信条、意見等を共通にする者が任意に結成する政治結社であって、内部的には、通常、自律的規範を有し、その成員である党員に対して政治的忠誠を要求したり、一定の統制を施すなどの自治権能を有するものであり、国民がその政治的意思を国政に反映させ実現させるための最も有効な媒体であって、議会制民主主義を支える上においてきわめて重要な存在であるということができる。したがって、各人に対して、政党を結成し、又は政党に加入し、若しくはそれから脱退する自由を保障するとともに、政党に対しては、高度の自主性と自律性を与えて自主的に組織運営をなしうる自由を保障しなければならない。他方、右のような政党の性質、目的からすると、自由な意思によって政党を結成し、あるいはそれに加入した以上、党員が政党の存立及び組織の秩序維持のために、自己の権利や自由に一定の制約を受けることがあることもまた当然である。右のような政党の結社としての自主性にかんがみると、政党の内部的自律権に属する行為は、法律に特別の定めのない限り尊重すべきであるから、政党が組織内の自律的運営として党員に対してした除名その他の処分の当否については、原則として自律的な解決に委ねるのを相当とし、したがって、政党が党員に対してした処分が一般市民法秩序と直接の関係を有しない内部的な問題にとどまる限り、裁判所の審判権は及ばないというべきであり、他方、右処分が一般市民としての権利利益を侵害する場合であっても、右処分の当否は、当該政党の自律的に定めた規範が公序良俗に反するなどの特段の事情のない限り右規範に照らし、右規範を有しないときは条理に基づき、適正な手続に則ってされたか否かによって決すべきであり、その審理も右の点に限られるものといわなければならない。

　本件記録によれば、被上告人は前記説示に係る政党に当たるということができ、本訴請求は、要するに、被上告人と上告人との間で、上告人が党幹部としての地位を有することを前提として、その任務の遂行を保障する目的で上告人に党施設としての本件建物を使用収益させることを内容とする契約が締結されたが、上告人が被上告人から除名されたことを理由として、本件建物の明渡及び賃料相当損害金の支払を求めるものであるところ、右請求が司法審査の対象になることはいうまでもないが、他方、右請求の原因としての除名処分は、本来、政党の内部規律の問題としてその自治的措置に委ねられるべきものであるから、その当否については、適正な手続を履践したか否かの観点から審理判断されなければならない。そして、所論の点に関する原審の事実認定は、原判決挙示の証拠関係に照らし正当として是認することができ、右事実関係によれば、被上告人は、自律的規範として党規約を有し、本件除名処分は右規約に則ってされたものということができ、右規約が公序良俗に反するなどの特段の事情のあることについて主張立証もない本件においては、その手続には何らの違法もないというべきであるから、右除名処分は有効であるといわなければならない。

これと同旨に帰する原審の判断は、正当として是認することができ、原判決に所論の違法はない。右違法のあることを前提とする所論違憲の主張は、失当である。論旨は、ひっきょう、右と異なる見解に基づいて原判決を論難するか、又は原審の専権に属する証拠の取捨判断、事実の認定を非難するものにすぎず、採用することができない。

よって、民訴法四〇一条、九五条、八九条に従い、裁判官全員一致の意見で、主文のとおり判決する。

納得できる部分も多いが問題も少なくない

明快である。これを覆すことをめざしている私が言ってはいけないかもしれないが、納得できることの少なくない判決である。

まず政党の特質である。判決が言うように、政党が「政治上の信条、意見等を共通にする者が任意に結成する政治結社」であることは論を俟《ま》たない。共産党の場合、共通の「政治上の信条、意見等」とは、「党の綱領と規約を認める人は党員となることができる」（規約第四条）とあるように、綱領と規約ということになろう。

次に政党の重要性が論じられている。「国民がその政治的意思を国政に反映させ実現させるための最も有効な媒体であって、議会制民主主義を支える上においてきわめて重要な存在である」というものだ。何の異論もない。そういう大事な役割をもつ政党を機能させるために、「各人に対して、政党を結成し、又は政党に加入し、若しくはそれから脱退する自由を保障するとともに、政党に対しては、高度の自主性と自律性を与えて自主的に組織運営をなしうる自由を保障しなければならない」ことも当然である。

では、そういう政党はどのように運営されるべきか。判決は、「内部的には、通常、自律的規範を有し、その成員である党員に対して政治的忠誠を要求したり、一定の統制を施すなどの自治権能を有するもの」「自由な意思によって政党を結成し、あるいはそれに加入した以上、党員が政党の存立及び組織の秩序維持のために、自己の権利や自由に一定の制約を受けることがあることもまた当然である」とする。これも一般的には承認できる。私だって党員の権利と義務を規定した党規約を承認して党に入ったのであり、規約に規定されている限りの制約があることは承知している。けれども同時に、それは判決が言うように「一定の制約」であって、「無限の制約」ではない。だから、どこまでが制約され、どこからは制約されないのか、その均衡点を探らなければならないのである。

判決はこうした論理を踏まえ、除名には裁判所の審査権は及ばないという結論に移っていく。ここからの論理には強引さが見られ、問題が出て来る。まず「政党の結社としての自主性にかんがみると、政党の内部的自律権に属する行為は、法律に特別の定めのない限り尊重すべき」とする。一般的には当然だと考えるが、憲法に定めのある言論・出版の自由との関係は論じられていない。

さらに判決は、以上の論理を除名処分について援用し、「政党が党員に対してした処分が一般市民法秩序と直接の関係を有しない内部的な問題にとどまる限り、裁判所の審判権は及ばない」とする。では「一般市民法秩序と直接の関係」があれば審査権が及ぶと言うのかと思うと、その場合も、「当該政党の自律的に定めた規範が公序良俗に反するなどの特段の事情のない限り右規範に照らし、右規範を有しないときは条理に基づき、適正な手続に則ってされたか否かによって決すべきであり、その審理も右の点に限られる」とするのである。

共産党に即して言えば、「一般市民法秩序と直接の関係」がない場合、そもそも裁判所は審査できないということだ。また、袴田のように家屋からの立ち退きを要求されるなど「一般市民法秩序と直接の関係」がある場合も、規約が「公序良俗に反する」ものでない限り、裁判所は規約の手続きが適正にとられたかどうかしか判断しないということだ。こうして袴田事件では、家屋明け渡し請求が「司法審査の対象になることはいうまでもない」としつつ、規約の手続きは適正にとられたとし、「規約が公序良俗に反するなどの特段の事情のあることについて主張立証もない」ことから、除名は正当だとされた。

以上が最高裁判決の論理である。このどこが問題で、どうすれば覆すことができるのだろうか。

2　日本社会にとって不可欠な結社の自由

結社の自由も出版の自由もスタートは問題だらけだった

憲法学者の樋口陽一氏の『自由と国家――いま「憲法」のもつ意味』（岩波新書）を読むと、一七八九年のフランス人権宣言には、結社の自由という概念がないらしい。それどころか結社（中間団体）の自由を禁止して人権宣言は発せられたとのことだ。

「一七八九年宣言に結社の自由が出てこない、ということは、やはり重要だった。その時点での『結社』とは、個人が歴史に登場するのを妨げる身分的秩序なのであった。そのようなものの『自由』を保護することではなく、反対に、それを禁止し解体すること、その意味で、結社からの自由こそが、人権宣言の前提をつくり出すことにほかならなかったのである。」

　当然のことながら、樋口氏は結社の自由を消極的に見ているわけではない。引用したように、「その時点」のフランスで結社が「個人」の登場に否定的な役割を果たしたことを、率直に指摘しているだけである。実際、アメリカでは最初から「個人」が歴史に登場したという歴史的背景があるので、結社の自由も建国の時から憲法で積極的な意味をもって保障されることになる。ただし、どちらの国の場合も、「個人」の人権思想がベースにあることは、日本における結社の自由を論じる際にも忘れてはいけないことである。この点はあとで論じる。

日本の場合、個人の人権もその一つとしての結社の自由も、両国とは異なるスタートを切ることとなった。どちらも一八八九年制定の大日本帝国憲法（明治憲法）で規定されたが、どちらも重大な制約をかかげて出発したのである。

まず人権一般について言うと、そもそも個人が生まれながらにもつ権利というものではなく、「臣民の権利」とされていたように天皇から与えられた権利という位置づけであった。だから人権とは呼べないという人もいるほどだ。しかも、「法律の範囲内」の権利でしかなく、いつでも法律によって制限される仕組みであった。人権の内容を見ても、現行憲法が重視する思想・良心の自由、職業選択の自由、学問の自由などは規定されておらず、社会権は存在すらしていなかったのである。

結社の自由についても、「日本臣民ハ法律ノ範圍内ニ於テ言論著作印行集會及結社ノ自由ヲ有ス」として、「法律の範囲内」のものとされる。社会主義・共産主義の結社は存在することが許されず、許可された結社も出版法、新聞紙法、治安警察法、治安維持法などの法律によって大幅に活動を制限されることになる。

日本で結社の自由が特別に重要な理由

以上のような明治憲法体制のもとで、一九二二年に結成された共産党は最初から合法政党とはならず、公然と声を上げることができなかった。とりわけ治安維持法による弾圧は激しく、党員の多数は検挙、投獄され、獄外にいた唯一の中央委員である袴田里見（前出の七七年に除名された人物）が三五年に検挙されると、党としての統一的な活動はできなくなる。共産党が自分の名前を国民に向かって叫べるようになるのは、第二次大戦で日本が敗戦してからのことだ。

私は当然のことながら、そんな党活動を体験してはいない。しかし、七四年に共産党に入って以降、戦前の党員でプロレタリア作家だった小林多喜二の『党生活者』や、一六〇〇人もがいっせい検挙された日のことを描いた『一八二八年三月十五日』などは、当時の他の党員並みには読んでいた。だから、結社の自由を弾圧した天皇制政府への怒りは強かったし、戦後の憲法において留保なく明記された結社の自由の大切さは、一般国民よりずっと痛切に感じていたと思う。

だから私は、憲法で保障されているにもかかわらず、法律によって結社の自由を侵害するさまざまな措置がとられていることには反対である。特定の結社に対する公務員の関与が制限されていること、警察官や消防署職員、自衛隊員などが労働組合を結成する権利を奪われていることは問題であり、至急回復されねばならない。

　とくに指摘されなければならないのは破壊活動防止法である。この法律は、「団体の活動として暴力主義的破壊活動を行った団体に対して、当該団体が継続又は反覆して将来さらに団体の活動として暴力主義的破壊活動を行う明らかなおそれがあると認めるに足りる十分な理由があるとき」に刑罰を加えるとしている（第五条）。問題なのは、共産党を、その一部が過去に暴力闘争を行ったことを理由にして、この法律の調査対象団体として指定し、共産党がその誤りを公式に認めて議会を通じた平和的な変革路線を確立したあとも、指定を継続していることである。その調査の一環として、公安調査庁は共産党本部の前に秘密裏に部屋を借りて、党員か非党員かにかかわらず誰が出入りしているかを録画したりしていたことも暴露されたことがある。党員だけではなく、共産党と関係する人まで調査の対象にしているのだ。

　だから私は、ロシア専門家の佐藤優氏が雑誌『正論』（二〇二一年七月号）で公安調査庁の横尾洋一次長（当時）と対談し、共産党に対する同法の適用を正当化しているのを見た時、これは放置できないと感じて自分のブログで批判的な連載を行った。それだけでは足りず、佐藤氏からの申し出があったのを奇貨として『文藝春秋』（二〇二四年二月号）で対談させてもらい（本書第四章に所収）、私の考えを伝えることになる。議論の末、「党首公選で私が党首になったら、『暴力革命はめざしていない』と公安調査庁に申し入れに行きますので、その時は佐藤さんにもご協力いただきたい」とお願いしたところ、佐藤氏は「松竹さんが党首になられたら、喜んで立ち会います」と答えてくれた。結社の自由に対する私の思い入れの強さを理解してもらえるだろうか。

なぜ結社の自由は大切か

なぜ結社の自由は大切なのか。とりわけ政党のそれはなぜ大切なのか。

すでに紹介した袴田除名事件の判決において、政党とは「政治上の信条、意見等を共通にする者が任意に結成する政治結社」であるとされたことは紹介した。さらにその政党は、「国民がその政治的意思を国政に反映させ実現させるための最も有効な媒体であって、議会制民主主義を支える上においてきわめて重要な存在」とされた。つまり、国民が主権の行使として意思を国政に反映させようとする場合、政党を通じてそれを行うことが、議会制民主主義の基本だということである。そういう政党に対して公権力が介入することは、すなわち国民主権に介入することであって、きわめて抑制的でなければならないのは当然である。

　では、党内民主主義と結社の自由はどういう関係にあるのだろうか。党内民主主義と言えば、私が求めた党員投票による党首の選出（党首公選）、党内意思決定過程や資産の公開性・透明性などは、それ自体は公権力の介入ではなく、あくまで党員の権利の拡大という種類の問題である。しかし、そうではあっても党内民主主義のあり方を法定する（政党法など）やり方は、何が党内民主主義かを判断しにくいが故に、容易に公権力の介入につながっていく。日本国憲法に政党についての定義がないことも、党内民主主義の法定という手法の憲法上の問題を引き起こすであろう。

　だから私は、政党法の制定その他、党内民主主義を法定することには賛成できない。党内民主主義の実現は、あくまで政党と党員の自発的な行動によって実現されることが基本である。党内民主主義に無関心な政党は問題があるけれども、その政党の現実を国民が直視し、不支持を明確にすることによって、民主主義を大事にしない政党の存立は脅かされていくことになる。逆に、自発的に民主化、透明化に取り組む政党には支持が寄せられる。本来、党内民主主義はこういう過程を経て樹立されるべきものである。司法の審査権がなじみにくいのも、政党のこうした性質から来るものだ。

問題は、結社の自由はこのように大事なものであり、尊重されなければならないけれども、だからといって、その結社内の構成員の権利と自由に司法はまったく介入しないという現在の最高裁判例の考え方で良いのかということだ。このままでは、結社の自由は、「個人」の人権保障と衝突してしまうことになる。その衝突をどうやって回避するのかを探らなければならない。

3　部分社会内部でも個人の人権は大切だ

まず、部分社会の法理と個人の人権の関係である。結社の自由（「集会、結社及び言論、出版その他一切の表現の自由は、これを保障する」憲法第二一条）は大事だが、「個人」の人権も同様に大事であり、結社の自由だけが優先されるわけではないことを論じたい。私の裁判に即して言うと、両者が衝突して個人の人権が脅かされる分野は三つある。裁判を受ける権利、立候補する権利、言論・出版の自由である。一つずつ見てみよう。

「何人も、裁判所において裁判を受ける権利を奪はれない」

袴田除名事件での最高裁判決は、政党が行う処分に司法の審査権は及ばないとした。これはつまり、処分された党員には、憲法で規定された裁判を受ける権利はないと言っているに等しい。

しかし、憲法は「何人も、裁判所において裁判を受ける権利を奪はれない」（第三二条）としている。「何人も」であるから政党の党員も含まれるということだ。しかも「権利を奪はれない」と強い調子で明記している。別の法律があれば制限されて良いという規定もない。憲法で誰も奪われないとした権利を奪うのは許されないし、たとえ奪うことが許容される場合も、相当の根拠が必要なことは言うまでもないだろう。

憲法で別の規定があるので、それを根拠に裁判権が及ばないとされる事例は存在する。例えば、天皇には民事裁判権は及ばないとされるが、その根拠となっているのは、天皇は日本国の象徴であり日本国民統合の象徴であるという憲法第一条である。あるいは、国会議員が除名された場合など、その議員資格を裁判で争うことはできないとされている。それは、「両議院は、各々その議員の資格に関する争訟を裁判する。但し、議員の議席を失はせるには、出席議員の三分の二以上の多数による議決を必要とする」という憲法第五五条の規定が存在しているからである。こういう場合に裁判権が及ばないことは、私としても理解できる。

けれども、憲法で「結社の自由」が保障されているからといって、結社内の構成員の権利が制約されることを許容する憲法規定は存在していない。袴田判決が政党の処分に司法の審査権が及ばないとしている根拠は、憲法の条項ではなく、ただ「政党の結社としての自主性」という最高裁独自の判断のみである。そういうものを根拠に、個人の人権を制約してもいいものだろうか。

もちろん、裁判権の例外を許容する憲法規定が存在しないにもかかわらず、裁判権が制約されている事例は他にもある。例えば、日米安保条約の合憲性が問題になった砂川裁判において、最高裁は「安全保障条約は、……高度の政治性を有するものというべきであって、その内容が違憲なりや否やの法的判断は、……一見極めて明白に違憲無効であると認められない限りは、裁判所の司法審査権の範囲外」にあるとした（一九五九年一二月一六日。ただし、一見極めて明白に違憲無効であると認められる場合は、司法権が及ぶとした）。いわゆる統治行為論である。また、自衛隊やその海外派兵の違憲性それ自体を裁判で争うことが困難なのも、前身である警察予備隊の違憲性を争った裁判において、当時の裁判所が、

「具体的な事件」を離れた抽象的な争いを裁く権限は裁判所に存在しないと、以下のように判示したからである（一九五二年一〇月八日）。

「わが現行の制度の下においては、特定の者の具体的な法律関係につき紛争の存する場合においてのみ裁判所にその判断を求めることができるのであり、裁判所がかような具体的事件を離れて抽象的に法律命令等の合憲性を判断する権限を有するとの見解には、憲法上及び法令上何等の根拠も存しない。」

だが共産党は、これらの判決には反対してきたはずである。その共産党が、憲法上の特段の例外規定もないのに、結社の自由があるから党員の処分には司法の審査権が及ばないと堂々と述べているのは、はなはだ論理的でない。

地方議会の処分問題では最高裁判例が変更された

共産党の態度がどうあれ、裁判所はこれまで、憲法の例外規定が存在しないにもかかわらず、裁判所の審査権が及ばない分野を設けてきた。安保条約や自衛隊の問題以外で代表的なのが、すでに紹介した「部分社会」内部の争いであった。しかし、この分野においても、裁判所の判断には大きな変化が見られる。その象徴が地方議会における処分問題での判断である。

一九六〇年のことだが、最高裁が「地方議会議員懲罰事件」で判決を下した（一〇月一九日）。この事件は、地方議会がある議員を出席停止とする懲罰を決議したのに対して、その議員が決議の無効の確認および取り消しの訴えを行ったものである。最高裁の判決は以下のようなものであった。

「自律的な法規範をもつ社会ないしは団体に在っては、当該規範の実現を内部規律の問題として自治的措置に任せ、必ずしも、裁判にまつを適当としないものがあるからである。本件における出席停止の如き懲罰はまさにそれに該当するものと解するを相当とする。」

議会内部の処分について司法審査が及ばないとするものだ。袴田判決の論理と同じである。

ただし、この判決には例外があった。部分社会論を適用したのは、議員に対する処分が「出席停止」だったからであって、「議員の除名処分の如きは、議員の身分の喪失に関する重大事項で、単なる内部規律の問題に止らない」としたのである。

この判例が、二〇二〇年になって変更された（一一月二五日）。宮城県岩沼市の市議会議員が、議会での発言を理由として出席停止の処分を受けた事件で、議員の提訴を受けて裁判が行われ、最高裁は除名処分のみならず出席停止であっても司法審査が及ぶとしたのである。その根拠となったのは、議員は出席停止になると「議事に参与して議決に加わるなどの議員としての中核的な活動をすることができず、住民の負託を受けた議員としての責務を十分に果たすことができなくなる」ことから、「これが議員の権利行使の一時的制限にすぎないものとして、その適否が専ら議会の自主的、自律的な解決に委ねられるべきであるということはできない」という解釈であった。その上で、「出席停止の懲罰は、議会の自律的な権能に基づいてされたものとして、議会に一定の裁量が認められるべきであるものの、裁判所は、常にその適否を判断することができるというべきである」「普通地方公共団体の議会の議員に対する出席停止の懲罰の適否は、司法審査の対象となるというべきである」と判断したのである。

　大法廷での審理を担当した裁判官の一人（宇賀克也）は、判決の補足意見を書いている。そこでは、憲法上の根拠がない限り、裁判を受ける権利は制約されてはならないことを次のように述べている。

「法律上の争訟については、憲法第三二条により国民に裁判を受ける権利が保障されており、また、法律上の争訟について裁判を行うことは、憲法第七六条一項により司法権に課せられた義務であるから、本来、司法権を行使しないことは許されないはずであり、司法権に対する外在的制約があるとして司法審査の対象外とするのは、かかる例外を正当化する憲法上の根拠がある場合に厳格に限定される必要がある。」

きわめて明確である。袴田除名事件の最高裁判例も変更されるべきなのだ。

立候補する権利は奪えないとする最高裁の判断

私が除名された根拠は、共産党京都南地区委員会の「除名処分決定書」によれば、四つの理由で構成されている。一つは、私が「一月に出版した本」（『シン・日本共産党宣言』）のなかで、共産党が「党規約が『異論を許さない』ものであるかのように……攻撃していること」。二つは、同じ本のなかで「核抑止抜きの専守防衛」を主張し、党の安保・自衛隊政策を攻撃していること。三つは、その本と別の党員が書いた本を同時期に出版したが、それが分派に当たること。四つは、私がその本で主張した内容について、中央委員会に至る機関に意見を述べる権利を行使しなかったことである（これらの問題点は第四節で論じる）。

要するに、すべて『シン・日本共産党宣言』の刊行とその内容に関係しているということだ。では何をめざして私がこの本を刊行したかと言えば、サブタイトルに「ヒラ党員が党首公選を求め立候補する理由」とあるように、共産党の党首公選を実現し、実現したあかつきには自分で立候補することであった。逆の角度から見れば、共産党が私を除名したということは、私が党首選挙に立候補することを何としてでも阻止したかったからだと言える。

私は、共産党が二〇一五年に提唱した野党の国民連合政府構想を支持しており、その実現のために自分なりに努力していた。しかし、この構想に対する逆風が吹き荒れるなかで、共産党が異論を許す政党であることが党首選挙を通じて明らかになるとともに、党首選挙を通じて安保・自衛隊政策が豊かになるならば、野党の政権共闘が再び生命力を持つだろうと期待していた。だから私は、党首となって野党共闘の再構築のために力を尽くす場合が来ることも想定し、この本を野党の主だった党首や幹部には配ったし、刊行前に偶然だが立憲民主党の泉健太代表にお会いした際は、近く出版の運びとなることも伝えていた。

共産党による除名は、党首選挙への立候補の意欲を隠さない私の権利を剝奪するものであった。同様の事例として、かつて労働組合員が市議選に立候補しようとしたことに対して、組合の側が処分を科したことがある。それに対して組合員が公職選挙法違反に当たるとして裁判に訴えたのだが、最高裁判所は、「公務員を選定し、及びこれを罷免することは、国民固有の権利である」とする憲法第一五条を引きつつ、「公職における立候補の自由は、……基本的人権の一つとして、憲法の保障する重要な権利である」とした。その上で、「立候補を思いとどまるよう、勧告または説得をすることは、組合としても、当然なし得る」としつつ、「立候補を取りやめることを要求し、これに従わないことを理由に当該組合員を統制違反者として処分するがごときは、組合の統制権の限界を超えるものとして、違法」と断じたのである（一九六八年一二月四日。三井美唄炭鉱労組事件）。

この判決は、労働組合員が市議選へ立候補しようとしたケースであり、私の場合とは異なる。その点では異論も提起されよう。けれども、共産党の党首への立候補というのは、党首が必ず衆議院比例区の名簿登載者として立候補している事実が示すように、「公職における立候補」そのものなのである。市議選に立候補しようとした労働組合員を処分することが、判決が言うように「組合の統制権の限界を超える」のならば、私に対する除名は「党の統制権の限界をはるかに超える」ものと言わなければならないだろう。

結社の自由をもってしても出版の自由を奪えないケース

最後は、結社の自由と出版の自由の衝突である。この二つの自由は、興味深いことに、

「集会、結社及び言論、出版その他一切の表現の自由は、これを保障する」（憲法第二一条）として、憲法の同じ条文によって、同じ位置づけで規定されている。同格なのである。結社の自由は、結社構成員の出版の自由に優るという考え方は、憲法の条項からは導きようがない。

　確かに、憲法の条項は、三菱樹脂事件の最高裁判決が述べるように（一九七三年一二月一二日）、「もっぱら国または公共団体と個人との関係を規律するものであり、私人相互の関係を直接規律することを予定するものではない」。共産党による私の除名を、憲法を根拠にして問題にすることに困難が立ちはだかるのは事実だ。

　しかし、この判決では、「私的支配関係」においても、「個人の基本的な自由や平等に対する具体的な侵害」があり、「その態様、程度が社会的に許容しうる限度を超える」場合の例外規定を置いている。そういう場合は、民法や「不法行為に関する諸規定等の適切な運用によって」、「基本的な自由や平等の利益を保護し、その間の適切な調整を図る方途も存する」としたのである。さらに、「個人の基本的な自由や平等」については、「極めて重要な法益として尊重すべきことは当然である」と述べたのである。以上の点から、結社の自由は最大限に尊重されるべきだが、同時にだからといって憲法で同じ位置づけで規定された出版の自由は、いささかも侵害されてはいけないことが理解できるだろう。

共産党の規約は、「党の決定に反する意見を、勝手に発表することはしない」としている（第五条五項四文）。「勝手に発表することはしない」もののなかには、当然、出版物の刊行も含まれているから、これは憲法の出版の自由に違反することを宣言したものとみなすことも不可能ではない。

一方、除名という代償を払わざるを得なかったとはいえ、私は『シン・日本共産党宣言』の出版自体はできたのだから、出版の自由を行使したと見ることも可能である。本章の冒頭で紹介した民主党地方議員の除名裁判でも、言論表現の自由の侵害だという訴えに対して、地裁判決が「直ちに表現の自由や知る権利とかかわるものではない」との立場をとったのも、そういう見地からのものであろう。けれども、憲法上の権利を行使しようと思えば、問答無用でただちに除名されたり、「かく乱者」「破壊者」という名誉毀損が大規模に行われるなどのことは、いささかも許されるものではない。

では、結社の自由と出版の自由は、いったいどこで均衡するのか。私はこれまで、『シン・日本共産党宣言』を含め、党の綱領と規約をいっさい批判してこなかった。それはなぜかというと、党規約が「勝手に発表することはしない」とする「党の決定に反する意見」が想定する「党の決定」とは、共産党に即して言えば、党の綱領、規約、大会決定に限られると考えてきたからだ。

綱領と規約は、「党の綱領と規約を認める人は党員となることができる」（規約第四条）とあるように、党員であることの根幹である。綱領と規約が認められなくなれば、いさぎよく離党すれば良い。党にとどまって綱領と規約を改善しようとして批判する場合は、何よりもまず党内で意見を上げるべきだし、党外で出版したりする場合は、それなりの批判と処分を覚悟すべきだろう。

これに大会決定が加わるのは、実質的に機能しているかどうかを脇に置けば、大会決定だけは採決される前の案の段階で、すべての党員が意見を述べることが可能だからだ。党の規約は、「党の意思決定は、民主的な議論をつくし、最終的には多数決で決める」（第三条一項）とされており、「民主的な議論をつくし」たものを「決定」だとみなしている。この点で「決定」としての資格が毫《ごう》も疑われないのは、党大会決定だけである。中央委員会の決定にせよ、その他の幹部の論文にせよ、党員の「民主的な議論」を経ないで出されたものは、「（異論を）勝手に発表することはしない」とする規約が想定する「党の決定」ではないのである。

だからもし、共産党が「党の決定」の意味を拡大解釈し、何が党の決定かは党中央だけが決めるという独断的な見地に立つならば、「党の決定に反する意見を、勝手に発表することはしない」という規約は、間違いなく憲法の出版の自由に違反するものとなろう。この条項が憲法違反にならないためには、何を「党の決定」と位置づけるかは、党員が分かるようにあらかじめ公開されていなければならない。

結論として私が主張したいのは、綱領と規約、大会決定の範囲内では、党員の出版の自由は最大限に尊重されるべきだということだ。綱領と規約、大会決定への批判を含まない本を刊行したために処分されるべきではないし、そのような処分は憲法の出版の自由に反し、結社の自由の範囲を超えたものとして、裁判所の司法審査が及ぶというものである。

もちろん、綱領を批判し、別の綱領的な見地で党員を結集しようとするような出版は、これからも除名処分に相当すると思う。しかし、私の『シン・日本共産党宣言』は、そのような出版物ではない。だから、裁判所にはこの種の除名が違法であることを認めてもらいたいのである。そこで以下、『シン・日本共産党宣言』が綱領と規約の枠内にあることを論じていく。

4　綱領・規約の枠内での自由は認められるべきだ

共産党京都南地区委員会の「除名処分決定書」では、私は「党攻撃」をしていることにされて除名された。私の「党攻撃」は三種類あって、綱領への攻撃、規約への攻撃、分派活動による攻撃だという。

しかし、『シン・日本共産党宣言』に目を通していただければ分かることだが、この二七二ページに及ぶ本のなかで、私は現行の綱領と規約が間違っているなどとは、どの箇所でも主張してはいない。それどころか、私の主張が綱領と規約に合致していることこそが、この本で証明したいと思ったことである。そこで以下、「除名処分決定書」に沿って、私の主張が綱領と規約に合致していることを論じていく。

(1) 私の主張は綱領と党の主張の延長線上にある

共産党による調査で私は、自分の主張が綱領に合致していることを強調したが、党の側はそれを認めなかった。京都南地区委員会が公表した私に対する「除名処分決定書」は、除名理由の一つである綱領違反という問題を以下のように指摘している。

「松竹伸幸氏は、一月に出版した本のなかなどで、『核抑止抜きの専守防衛』なるものを唱え、『安保条約堅持』と自衛隊合憲を党の『基本政策』にせよと迫るとともに、日米安保条約の廃棄、自衛隊の段階的解消の方針など、党綱領と、綱領にもとづく党の安保・自衛隊政策に対して『野党共闘の障害になっている』『あまりにご都合主義』などと攻撃を行っています。」

まず事実関係であるが、『シン・日本共産党宣言』の第三章第一節の見出しが「『核抑止抜きの専守防衛』を共産党の基本政策とする」とあるように、私が「核抑止抜きの専守防衛」を唱えていることは事実である。一方、その見出しが明確に述べているように、私が「基本政策」とすべきだと主張しているのは「核抑止抜きの専守防衛」であって、「安保条約堅持」や「自衛隊合憲」ではない。また、私は党の安保・自衛隊政策を批判はしているが、それは現在の党の政策が綱領を十分に理解していないものだからであって、逆に私の立場こそが綱領を実践するものだと考えているのである。では、なぜそう言えるのか。

「日米安保条約廃棄前の段階」を設けるのは綱領の見地

この問題を理解してもらうには、共産党の第二二回大会（二〇〇〇年）の決定に立ち戻らなければならない。この決定は、第二〇回大会（九四年）では未解明だった安保・自衛隊問題の解決について、党として三段階を経て進めていく見地を明確にしたものである。決定そのものは長文だが、二三年秋に共産党が刊行した『日本共産党の百年』（新日本出版社）のなかで要約がされているので、それを紹介しておこう。

「第二十回大会（九四年）では未解明の課題として残されていた憲法九条の完全実施にむかう道筋――自衛隊の段階的解消をめざす党の立場を明確にし、『日米安保条約廃棄前の段階』『日米安保条約が廃棄され日本が日米軍事同盟から抜け出した段階』『国民の合意で、自衛隊の段階的解消にとりくむ段階』という三つの段階で、憲法違反の自衛隊の現実を改革していく立場をあらたにしめしました。」（二二回大会）

大会決議が明確に述べるように、この問題は三つの段階を経て解決されるのが党の見地である。そして大事なことは、『日本共産党の百年』が続いて、「大会決議の内容は、二〇〇四年の綱領改定によって党綱領に明記されました」としていることだ。三段階論は、大会決議のレベルを超えて、綱領の見地になっているのである。なお大会決定では、この三段階論に続いて、自衛隊が存続する段階では有事に自衛隊を活用することも明記された。

私は、第二段階で安保条約が廃棄されることも、第三段階で自衛隊の解消に取り組むことも支持している。だから、第二段階における党の基本政策が安保条約廃棄であることについて、何の疑いも持っていない（第三段階はすでに安保は廃棄されているので、これが基本政策となることはない）。第二段階以降の政策について、私と党との間では何の見解の違いも存在しないのだ。

問題は第一段階、「日米安保条約廃棄前の段階」である。安保廃棄を掲げる政党が共産党しかない政治状況を見ても、いまの国民世論の現状を見ても、この段階がかなり長く続くことは間違いない。しかしそれならば、安保廃棄だけを政策とするわけにはいかず、安保条約を前提とした政策が不可欠となる（私がこれを「安保条約を堅持する」と表現したのは的確ではなかったかも知れないが）。それが「核抑止抜きの専守防衛」政策なのである。

これは本来、共産党の政策と合致するはずだ。二四年一月に開かれた第二九回大会決議でも、この問題に関する方針に言及し、「第一は」として、「日米安保条約に対する賛成・反対の違いを超えて、緊急の課題の実現のために広く協力していく」と述べている。その上で、緊急の課題として冒頭に挙げているのは、核兵器禁止条約への参加である。「軍事同盟のもとでも『核抑止』から抜け出せば条約への参加は可能である」として、「『核兵器のない世界』の実現に向けても、軍事同盟に対する態度の違いを超えた共同を探求する」と打ち出しているのである。安保条約を前提とした「核抑止抜き」政策そのものではないか。

大会決議は、「第二に」として、「日米安保条約を廃棄して、対等・平等・友好の日米関係をつくるための党としての独自の努力を、一貫して行う」とも述べている。安保条約を前提とした政策を追求しつつ、安保廃棄も主張するわけである。私も、安保廃棄が現実味を帯びてくるのは第二段階だと考えるが、第一段階において安保廃棄の重要性を主張することに異論はない。共産党は現在、資本主義の枠内での改革を課題としているが、未来社会としてめざすことになる社会主義・共産主義の重要性について、現時点でも主張しているわけだから、それと同じである。

第一段階での党の政策は、いま紹介したように安保条約の維持と廃棄を組み合わせた複合的なものであるから、これをどう一言で表現するかは難しい。共産党は現在、安保廃棄こそが基本政策だと主張しているが、私自身が考えるのは、安保維持を前提とした政策も同じ位置づけで打ち出しているのだから、どちらかだけを「基本政策」とするわけにはいかないだろうということだ。「核抑止抜きの専守防衛」を第一段階での基本政策とすべきだと提唱しているのは、こうした見地からのものである。

有事に日米安保条約第五条を発動するのは志位氏の提唱

私の主張と党綱領の関係は理解していただけただろうか。この問題で次に述べたいのは、私の一連の主張は、私が頭のなかでひねり出したものではなく、二〇一五年以来、志位和夫委員長（当時）が提唱したことに刺激され、それを豊かにしたいと考えたものだということだ。当面は安保条約を維持することについても、自衛隊を合憲論の角度で捉え直すことについても、すべては志位氏の発言から始まったということだ。

志位氏の模索が開示されたのは、集団的自衛権を一部容認した新安保法制の成立をふまえ、一五年、野党の国民連合政府構想を打ち出してからである。志位氏はまず、外国特派員協会における会見で「日本に対する急迫・不正の主権侵害など、必要にせまられた場合には、この法律にもとづいて自衛隊を活用することは当然のこと」と述べ、自衛隊活用論を復権させた（二〇一五年一〇月一五日。「赤旗」同一七日付）。

志位氏の模索は日米安保条約にも及んだ。この会見でその問題にも質問が及んだからである。

〈記者〉「『国民連合政府』で、（日本有事のさいには）自衛隊を出動させるということでしたが、（同様の場合に）在日米軍への出動要請についてはどうするのでしょうか。共産党は反対するということでしょうか。」

〈志位〉「『国民連合政府』の対応としては、日米安保条約にかかわる問題は『凍結』するということになります。先ほど述べたように、戦争法廃止を前提として、これまでの条約の枠内で対応することになります。日米安保条約では、第五条で、日本に対する武力攻撃が発生した場合には（日米が）共同対処をするということが述べられています。日本有事のさいには、連合政府としては、この条約にもとづいて対応することになります。」（同右）

自衛隊活用論は、前出の二二回大会（二〇〇〇年）でも打ち出されていたので、当然のことだと私は受け止めた。一方、日米安保条約の発動を容認するのは、共産党の歴史上初めてのことであり、正直にいって驚くことになる。けれども、志位氏がそこまで踏み込むなら私も黙ってはいられないと、自分なりの模索をこの時期に開始する。日本有事の際に安保条約の発動を容認するにしても、そのためにアメリカが核兵器を使うことは避けなければならないというのが、一貫した私の考え方であった。

志位氏はさらに、それまで共産党が憲法違反だとして批判してきた「専守防衛」の問題でも、大きく踏み込んでいく。二〇二二年四月七日の参議院選挙勝利・全国総決起集会での報告〈https://www.jcp.or.jp/akahata/aik22/2022-04-08/2022040804_01_0.html〉において、「海外派兵の自衛隊を、文字通りの専守防衛を任務とする自衛隊に改革する」と強調したのである。

「核抑止抜きの専守防衛」を基本政策とする私の考えは、こうした経過をたどって確立していくことになる。

志位氏の模索は自衛隊違憲論の変更にまで及んだ

自衛隊に関する志位氏の立場の変更は、自衛隊違憲論にも及んでいく。二〇一七年一〇月八日、総選挙を前にした日本記者クラブでの党首討論の場で安倍晋三首相（当時）から、「共産党が入る連合政権ができたとき、自衛隊は違憲だという立場を取るのか。そんなことをすればすぐに自衛隊を解消しなければならなくなる」と問われた志位氏は、次のように答えたのである（「赤旗」一〇月九日付）。

「そこで、私たちが参画する政権が仮にできた場合の対応ですが、その政府としての憲法解釈は、その政府が自衛隊の解消の措置をとる、すなわち、国民の圧倒的多数のなかで自衛隊は解消しようという合意が成熟するまでは、合憲という解釈を引き継ぐことになります。党は違憲という立場を一貫して堅持しますが、政府は合憲という立場を一定程度の期間、取ることになります。

そして、最終的には（憲法判断を）検討することになりますけれど、そういう立場を堅持しますので、ご心配のようなことは起こらないということを答弁しておきたいと思います。」

この時の志位氏の言明は、あくまで野党の国民連合政府に参加した場合を想定した対応のことであった。立憲民主党など自衛隊合憲の立場に立つ勢力が多数を占める政権でもあるし、数として少ない共産党としてはやむを得ずそういう立場になるのかと考えた党員も多かったと思う。しかしその後、志位氏は、共産党が閣僚の多数を占めて安保条約を廃棄するような政府、すなわち民主連合政府ができた場合も、政権としては自衛隊は合憲とみなすことを宣言する（志位和夫著、新日本出版社『新・綱領教室』下巻、二〇二二年四月刊行）。

「この時期は、自衛隊解消の国民的合意が存在しておらず、自衛隊を違憲とする国民的合意も存在していないということが当然予想されます。国民の合意なしに、政府の憲法解釈を合憲から違憲に変更することはできません。私たちは、安倍政権のように国民の合意なしに憲法解釈を一八〇度ひっくり返すようなことはしません。

くわえてもう一つ問題があります。自衛隊が存在しているという過渡的な時期に、仮に、政府として自衛隊を違憲とするという憲法解釈をしたらどうなるでしょうか。ただちに、自衛隊解消の措置をとることが、政府の憲法上の義務になります。そのような矛盾が生じることになります。ですから、民主連合政府ができたとしても、自衛隊が存在している過渡的な時期は、『自衛隊＝合憲』論をとることになります。」

自衛隊合憲論は、自衛隊の創設以来それを違憲だとして批判してきた護憲派にとって、受け入れがたい立場である。私もそれまで自衛隊合憲論を唱えたことはなかった。しかし、政権を担おうとすると、どうしても乗り越えなければならない壁であった。志位氏はその壁を、党としては自衛隊違憲のままだけれども、共産党の入る政権としては合憲だとすることで、何とか乗り越えようとした。

けれども私が考えたのは、共産党も閣僚を出している政権が合憲の立場から自衛隊の予算を提出しても、党としては違憲だから共産党国会議員団は予算に反対するということになれば、国家予算は成立するはずもなく、そんな政権は一年ももたないということだ。だから私は、自衛隊の憲法問題は個々の党員が判断すればよいが、党としては合憲というのでないと、政権をめざす政党としては成り立たないと判断したのである。

それは志位氏よりさらに踏み込んだものであったかもしれない。しかし、志位氏は党首として讃えられる一方、私はただちに除名になるというまでの違いではないと考える。

（2）私は規約を一度も批判したことがない

私の処分を決めた京都南地区委員会の「除名処分決定書」は、私が党規約に違反したと断じている。「決定書」のうち、規約に関連する部分は以下である。

「松竹伸幸氏は、一月に出版した本のなかなどで、『党首公選制』を実施すべきと主張するとともに、党規約にもとづく党首選出方法や党運営について、『党内に存在する異論を可視化するようになっていない』、『国民の目から見ると、共産党は異論のない（あるいはそれを許さない）政党だとみなされる』などとのべています。『党首公選制』という主張は、『党内に派閥・分派はつくらない』という民主集中制の組織原則と相容れないものですが、松竹伸幸氏が、この主張と一体に、わが党規約が『異論を許さない』ものであるかのように、事実を歪めて攻撃していることは重大です。」

書いてもいないことを除名の理由にはできない

これは奇妙な文章である。ボンヤリと見ていると、結論部分から読み取ってしまいがちだが、共産党の規約は「異論を許さない」と、私を主語にしてカギ括弧つきで書かれているので、あたかも私が実際に述べたことの引用であるかのように見える。そしてそれを「事実を歪めて攻撃している」として除名の理由にしているのである。実際、誰かが「共産党規約は異論を許していない」と批判していたら、私だってそれを「事実を歪めた党攻撃」とみなすだろう。

しかし、この文章で私の本から実際に引用されているのは、前段にあるように「党内に存在する異論を可視化するようになっていない」、「国民の目から見ると、共産党は異論のない（あるいはそれを許さない）政党だとみなされる」という部分のみである。けれどもこれは、素直に読めば誰でも分かるように、党内に異論が現実に存在することを前提にして、それが「可視化」されていないため、国民には異論が許されていない党だと思われていると指摘しているのである。実際、この本のなかで私は、いろいろな分野において党中央のなかで深刻な異論が存在し、自由な議論がされている事実を紹介もしている。私が党内で異論が許されていないなどと思うはずもないのだ。

許されている異論を可視化しようと述べているのに、異論が許されていないと攻撃しているという、まったく正反対の結論になるのはなぜか。再度結論部分に戻ってよく見ていただくと、そのからくりが分かる。この文章は、私の引用である「それ（＝異論）を許さない政党だとみなされる」から、「異論を許さない政党」だけを残し、「みなされる」という部分を削除している。「みなす」とは、「実際にはそうでないものを、そうだと思って見る」（『大辞林』）ことである。私は、「実際にはそうではない（共産党は異論を許している）」から「みなされる」という言葉を使ったのに、そこを削除することで正反対の意味にしてしまったのだ。できの悪いマジックを見せられているようなものである。

「決定書」が私による党規約への攻撃がされていると特定しているのは、「異論を許さない」問題だけである。『シン・日本共産党宣言』に目を通していただければ分かるように、私はどこでも党規約を批判していない。民主集中制を支持することも明言しているし、分派が（後述するようにその定義ともかかわるが）許されないことも当然である。京都南地区委員会は私を除名にするために、本の隅々まで目を通したのだろうが、規約攻撃の証拠を何も発見できなかったので、「異論を許さない」問題に限定して私の「攻撃」を認定した。

けれども、それが粉飾なのだから、私の党規約への攻撃などはどこにも存在しないことは明白であろう。

党首公選は規約に違反していない

「除名処分決定書」において、私の党首公選制の主張自体は、「事実を歪めた党攻撃」とは位置づけられていない。しかし、「『党首公選制』という主張は、『党内に派閥・分派はつくらない』という民主集中制の組織原則と相容れない」と批判されているので、その問題について述べておこう。

「決定書」のどこを見ても、この結論を導いた根拠が出てこない。とはいえ、これと前後して「赤旗」で膨大なキャンペーンがあったので、そこで出された論点を整理し、簡潔に論じておきたい。

一つ――公選すれば候補者が支持を広げるために党員に働きかけるので必然的に分派が生まれる。

現在の制度（大会で選ばれた二〇〇人ほどの中央委員のなかから互選する）でも、中央委員は誰であれ自薦、他薦で委員長その他に立候補できる。そうなれば、立候補した人は自分の政策への支持を広げるため、他の中央委員に働きかけるのであって、分派ができる可能性があるのは同じである。中央委員だから分派はつくらず、党員なら分派をつくる危険があるというなら、党員を侮辱している。

二つ——分派をつくらないことは共産党が深刻な分裂を経験した五〇年問題の最大の教訓だ。

五〇年問題はスターリンの干渉を背景にして、党が暴力革命路線に傾斜し、一部の党員を組織的に排除して分裂が引き起こされたもので、教訓としなければならないのは当然である。しかし、共産党が党首公選を実施したことは一度もないのであり、五〇年問題の分裂も党首公選とは何の関係もない。

三つ——党規約は委員長などを中央委員会が選ぶとしており党員が選ぶことを想定していない。

確かに「中央委員会は、……幹部会委員長……を選出する」（第二三条）と規定している。しかし、例えば大学の学長を選ぶ法的な権限が教授会にある場合でも、学生などの投票結果を尊重して最終的に教授会が選ぶケースが過去にあった。党の場合も、規約の改正なしでもそこまでは可能である。

四つ——委員長などになれるのは規約上、中央委員に限られるのではないか。

いま引用したように、規約が定めているのは、「中央委員会は、……幹部会委員長……を選出する」ことのみである。「中央委員のなかから」選出するとは書かれていない。

五つ——全党員投票で選ばれる党首は独裁的になる。現在の仕組みがもっとも民主的である。

中国共産党の党首選出システムは日本共産党とほぼ同じだが、習近平は十分に独裁的な党首になっている。日本で党首公選をしている他の党を見ると、党首が独裁的かどうかは、党によっても異なるし、同じ党でも党首次第で違いがある。党首選出システムだけをもって独裁的か民主的かは決まらない。

共産党の規約は本来、党内での選挙を重視している。「すべての指導機関は、選挙によってつくられる」（第三条三項）、「党員の権利と義務は、つぎのとおりである。……党内で選挙し、選挙される権利がある」（第五条三項）などの条項でも明らかだ。また共産党は、他党のように議員が当選のために党員を集める政党ではなく、まず個々のまじめに活動する党員が現場にいて、その党員のなかから議員候補が決まっていく。議員や幹部が中心ではなく、党員が中心の政党なのであって、現在のシステムを改革する場合、党員の権利を拡大する方向で進まなければならない。党首公選と現在のシステムが矛盾することは出てくるかもしれないが、その場合、現在のシステムを維持する方向で考えるのではなく、党員の権利をどう拡大するかという見地で臨むことが不可欠だろう。党首公選はその一つの到達点だと思う。規約を大切にするからこそ、この提唱が生まれたのである。

「反省しないから除名」は党規約に違反している

私が除名された直後、志位和夫委員長（当時）が記者会見し（二〇二三年二月九日）、共産党の京都南地区が決定し、京都府委員会が承認した除名処分を支持する旨を表明した。その際に志位氏が以下のように語ったことは、党中央が党規約を踏みにじる考えを述べたものとして、きわめて重大である。

「私たちとしては、一月二一日に藤田健（しんぶん赤旗）編集局次長の論説を出しまして、いま（松竹氏が）やっていることは、党規約および党綱領からの逸脱だと批判しました。政治的批判です。これは、当然本人にも届いていると思います。あのときには、まだ私たちは規約上の処分の判断をしていなかった段階です。まず、政治的な警告を行いました。しかし、それに対して、彼は、まったく一顧だにしない態度をとりました。〝こんな文書は問題にならない〟というようなことを言って、反省をしない態度をとりました。

　そして、二月二日に京都南地区常任委員会と京都府委員会常任委員会が行った本人への聞き取りのなかでも、〝あなたの行動がいかに党規律に反しているか〟とじゅんじゅんとお話をしました。しかし全く反省をしなかった。

　私たちとしては、そういう手続きをとって、そのうえで、これはもう除名以外にないという判断をしたということであります。」（「赤旗」二月一〇日付）

「赤旗」論文や京都の党の調査のなかで、私の主張が綱領や規約に反していると警告したのに、私が「反省をしなかった」、だから「除名以外にないという判断をした」という。これは党員が党から批判をされた場合、反省をしない限り処分することを当然視する立場だ。けれどもこれは、党規約の立場と異なっているのではないだろうか。

　党規約は、「意見がちがうことによって、組織的な排除をおこなってはならない」（第三条五項）、「決定に同意できない場合は、自分の意見を保留することができる」（第五条五項）としている。これは、党の決定に同意できない党員に対して、決定に同意するのが当然だという立場はとらず、同意できないままで良いということを意味している。反省しない場合であっても、組織的に排除してはならないのだ。少数意見の尊重とはそういうものだろう。やがては少数意見が多数になることもあり得るから、そういう運営をするのである。

私の体験からも、以前の党はそういう党運営をしていたと思う。『シン・日本共産党宣言』にも書いたことだが、二〇〇五年、私は党の月刊誌に自衛隊活用論を書いたことが間違いだとして、自己批判文書をその雑誌の翌月号に公表することを志位氏から求められた。自衛隊活用論は二〇〇〇年の大会決定で決まっていることなので、私は反省せず、自己批判を拒否したが、それは認められたのである。志位氏の意見に同調もせず、反省もしなかったが、除名されるどころか、そのまま仕事を続けることが許されたのだ。

それから一〇年後の二〇一五年、野党の国民連合政府構想を打ち出した志位氏が自衛隊活用論を復権させたことで、当時の私の少数意見が間違っていなかったことが証明された。無理矢理に少数意見を変えさせるようなことはせず、異論を異論のまま尊重することは大事なのだ。

なお、自衛隊活用論を撤回しないという主張は認められたが、代わって、論文のなかに自衛隊を違憲だと明記した箇所がないことだけは自己批判せよと求められ、それは認めることになる。この時点では、のちに志位氏が政権としては自衛隊合憲と言い出すとは想像もしなかった。

（3）党の本来的な解釈が示す分派を形成していない

最後に、「除名処分決定書」が私の「党攻撃」と認定する三つ目の問題である。綱領や規約に違反しているという認定だけで除名まですることはできないと考えて持ち出されたのが、ここにある「分派活動」であろう。例によって「決定書」の関連部分の全文を引用する。

「松竹伸幸氏は、『週刊文春』一月二六日号において、わが党に対して『およそ近代政党とは言い難い「個人独裁」的党運営』などとする攻撃を書き連ねた鈴木元氏の本（一月発行）を、『「同じ時期に出た方が話題になりますよ」と言って、鈴木氏には無理をして早めに書き上げていただいた』と出版を急ぐことを働きかけたことを認めています。松竹伸幸氏はわが党のききとりに対して、この本の『中身は知っていた』と認めました。この行為は、党攻撃のための分派活動といわなければなりません。」

この文章は突っ込みどころ満載だが、まず事情を知らない人のために経過を解説しておく。私の本業は京都の出版社での編集の仕事であり、二〇二二年春頃、鈴木元氏から『志位和夫委員長への手紙』の出版依頼を受け、編集作業を進めていた。一方、私の副業はライターであり、同じ頃、のちに『シン・日本共産党宣言』とタイトルがつく本の執筆を開始していた。二二年秋になって、後者の本が文春新書として二三年一月に刊行されることが決まる。その時点で鈴木氏の本の刊行メドは立っていなかったが、現在の出版不況の折、共産党というマイナーな世界を扱う本が一冊出たところで世間の注目が集まることはなく、満足な売上げが見込める可能性も薄い。そこで私は鈴木氏に、「同じ時期に出た方が話題になりますよ」と言って執筆のスピードを上げてもらい、同時期に出版できたということである（別の出版社からも関連本が出たので合計三冊となる）。

出版時期の調整は分派活動ではないと党の側も認めたのに

「決定書」は、本の出版時期を揃えたことを「分派活動」だとしている。私が鈴木氏の本の「中身は知っていた」ことも分派活動の証拠なのだそうだ。

もし私が鈴木氏の本の中身は知らなかったと答えたら、証拠不十分となって、私の除名はなかったのかもしれない。しかし、担当している本の中身を見ないで編集しているなどとおおやけにされていたら、その時点で私の編集者としての生命は終わっていただろう。

「中身は知っていた」と答えたことに何の悔いもない。

　では、出版時期を揃えたことはどうだろうか。それが分派活動だと言えるのだろうか。私が所属していた党支部の指導部（支部委員）は、私が勤める出版社の役員でもあった。その支部委員は、私が除名された直後の二月一五日、京都南地区委員会に対して意見書を出している。そこには、「『本を出して終わりではない、売れるところまで販売戦略を立てる』、『作ることが目的ではない、売れてこそ』が出版企画した者の責任であることを追求しています。今回そのことを追求し、本を売るために実行した三冊揃えて売り出すという話題作り、販売活動の相談が『分派活動』と認定されるとは、企業の責任者として思い及びませんでした」と書かれている。

　私は、出版社の社員として、この会社の方針にそって本を企画したのである。だから、南地区委員会の調査では、私は役員（支部委員）と同じ見地を表明している。これに対して、調査した京都の党の側も、「販促の観点で言ったと」と答え、見解が一致したのである。録音データを私のＨＰ〈https://matutake-nobuyuki.com/assets/recording/20230202_kyouto_cyousa.m4a〉に掲載しており、その六五分過ぎから数分のやり取りを聞いていただければ分かる。

だからこの調査では、それ以上は、鈴木元氏との分派の話は続かなかった。代わりに、私が本のなかで全国の共産党員に対して党首公選への共感を求めたことが問題となり、「党の規律から言うたら、やっぱり分派行為」だと追及されたのである。そういう経緯があったので、私に対する分派活動認定は変わらないだろうが、鈴木氏を分派として巻き込んで迷惑をかけることをしないで済んだと、ホッとした気持ちだった。

ところが、公表された「除名処分決定書」を見ると、分派の「証拠」として挙げられているのは、鈴木氏関連のことだけだった。あの調査とは何だったのか、京都の党の調査結果を誰が覆して除名を決めたのか、不信感が募ることになる。

分派の定義に関する開示請求に党の側はゼロ回答だった

それにしても、本の出版時期を揃えたことが分派活動であり、だから即刻除名だという理屈は、どう考えても無理がある。そもそも分派とは何なのだということになるが、党規約には分派の定義らしいものは何も書かれていない。規約を解説した書籍も存在するが、そこにも定義についての言及はない。これでは分派だから除名だと言われても納得ができない。

そう考えた私は、除名決定後、党中央に対して分派の定義を示すよう求めることになる。「個人情報の保護に関する法律」が成立し、個人の情報を所有している者（個人情報取扱事業者）に対して、当該個人は情報の提供を求めることができるようになっており、その場合、情報所有者は「本人に対し、……遅滞なく、当該保有個人データを開示しなければならない」と義務づけられている。私の除名に関しても、分派だとして除名したのだから、当然のこととして分派の定義が存在していて、それが私に対して適用されたはずであり、その定義は個人情報として扱われるべきだ。そこで、分派など「除名処分決定書」にあるいくつかの用語に関する定義はもちろんのこと、それらを包括した「規約の運用マニュアル」を開示するよう求めたのである（二〇二三年四月二五日）。なお、政治団体はこの法律の適用を除外されているが、同時に、「個人情報等の適正な取扱いを確保するために必要な措置を自ら講じ、かつ、当該措置の内容を公表するよう努めなければならない」と定められている。それを受け党中央はウェブサイトで公表しているプライバシーポリシーにおいて、「個人情報保護に関する国内法令・規則を遵守します」と明らかにしている。

党中央の返事（二〇二三年五月一五日付）は、開示の全面拒否であった。分派などの定義については、「用語の定義であり、個人情報には該当しません」とした。さらに、「『運用マニュアル』なるものについては、個人情報に該当しないので、その有無をふくめて回答の必要はないものと考えます」として、有無さえ開示をしないというものだったのだ。

つまり、何が分派に当たるかは、外には公表しないということである。それはすなわち、党中央だけが知っていればいいということかもしれないし、あるいは党中央がそのときどきで自由に決められることになっている可能性もある。どちらにせよ、党員がとった行動が分派活動に当たるかどうかは、その行動がとられた後で、党中央だけが判断するということだ。オモテに出ておらず誰も知らない基準が、「党の最高の処分であり、もっとも慎重におこなわなくてはならない」（第五四条）はずの除名にも適用されるということになれば、「慎重に」という規約の精神とは正反対ということになるのではないだろうか。

唯一おおやけになっている宮本顕治による分派の定義

そう考えた私は、党の過去の基本文献を渉猟《しょうりょう》することになる。そのなかで発見したのが宮本顕治による分派の定義である。

現在の若い世代には名前を知らない人も多いだろうが、宮本は戦後の共産党の代表的な指導者である。戦前も党指導部にいて検挙され、網走で一二年間の獄中生活を送る。戦後に解放され再び党指導部の一員となったが、五〇年問題で党が分裂した際、少数派として地方に左遷される。しかし、分裂を克服して党の統一を成し遂げ、現在につながる平和革命路線を築き上げたことで評価され、長く党首を務めた人物である。

宮本が苦汁をなめた五〇年問題とは、まさに分派問題であった。党が二つに分裂し、お互いが相手を分派だとして批判の応酬になったのだ。宮本も分派の疑いをかけられたので、主流派の統制委員会が作成した「分派活動の全貌について」（一九五〇年七月四日）に対して、直後に厳しい反論を書いて分派の定義を以下のように示している（新日本出版社『日本共産党五〇年問題資料集2』所収）。

「増田春雄の家族は私と同一建物に他の数世帯と住んでおり、増田が家族のもとに帰れば、上級機関の同志としての私を訪れてあいさつするのは当然である。顔を出さない方が不思議である。こんなことまで数えあげて私の『分派活動』をデッチあげようとする心事こそむしろ問題である。

……私は『分派』の規定についてはレーニンの規定『特殊の政綱をもち、またある程度閉鎖的となり、それ自身の党派的規律をつくろうと努力するグループ』の趣旨をのべたものであり、これはテーゼ草案への意見の中にもその趣旨が明記してある。」

当時の党主流派は、アパートに住んであいさつする仲だった人を、宮本の分派だと疑ったのである。本の出版時期を揃えたどころではない。それに対して宮本は、レーニンの分派の定義を引いて、みずからの正当性を訴えたというわけである。

綱領と規約を尊重するのか批判するのかが分派かどうかの分水嶺だ

宮本の定義は納得できるものである。まず「特殊の政綱」にもとづくグループということである。政綱とは政治綱領のことで、いまの党が掲げている綱領とは別の綱領をもっているということだ。共産党とは、「党の綱領と規約を認める人は党員となることができる」（第四条）のだから、その綱領を認めず、別の綱領で党員の結集をはかろうとするなら、それは疑いもなく分派だということになるだろう。現在の綱領が間違っているというなら、離党すればいいのだから。

一方、私は、『シン・日本共産党宣言』のどのページでも綱領を批判していない。あくまで自分の見解が綱領にもとづいていることを、いろいろな文献資料から証明し、論じているつもりである。

「ある程度閉鎖的」というのも分派の特徴だと思う。なぜなら、別の綱領で党員の結集をはかろうとしていることが知られたら、その企みが頓挫しかねないから、どうしても閉鎖的にならざるを得ないのである。

私と鈴木氏の関係はそんなものではない。分派の証拠とされる私と鈴木氏の本の出版時期の調整は、他でもない『週刊文春』の記事が出所であるが、それは私がインタビューに答えたから掲載されたものだ。私が分派をつくろうと思っていたら、宮本が言うように「閉鎖的」に行動するのであって、マスコミに堂々としゃべるようなことはしないのである。「それ自身の党派的規律をつくろうと努力する」ようなことも、私と鈴木氏の間には存在していない。両方の本を読み比べてみれば分かることだが、二人の間で一致しているのは、党首公選をすべきだという程度のことである。何回も強調させてもらうが、私の本には綱領や規約への批判は一箇所もないが、鈴木氏の本には綱領・規約批判が満載である。党派的規律とはもっとも遠いところにあるのが二人の関係なのである。

宮本の定義は、分派に苦しんだ五〇年問題を通じて、その渦中にあった宮本が編み出したものだ。当然、宮本が主導してつくった一九五八年の規約にある分派も、そういう精神から定義されたものであるはずだ。現行規約（二〇〇〇年）の制定にあたり、分派の定義を変えるような議論はされなかったし、逆に、五八年規約では分派の禁止が党員の義務とされていたが、現行規約では義務からはずされるなど、より緩やかな運用がめざされてきたのである。どこから見ても、私と鈴木氏を分派と位置づけること、分派を理由として除名することには無理がある。

こうしていかなる意味でも、私の立場は綱領と規約を踏み外すものではない。逆に、綱領と規約を豊かに実践してきたつもりである。共産党から除名されるいわれはないし、裁判所には除名撤回の判断を下してほしいと願っている。

5 司法は綱領・規約をどこまで審査できるか

私の『シン・日本共産党宣言』は、これまで論じてきたように、党の綱領と規約を大事に思い、それをどう豊かにするかという見地で書かれたものだ。解釈に関しては党中央と異なることがあるけれど、綱領と規約を批判した箇所は、事実として、この本には一箇所も存在しない。党を攻撃するような文章が存在しないことも、曇りのない目で見れば明らかだ。

裁判所には、まずこの点を事実として認定してほしい。それが出発点である。

その上で指摘したいことは、くり返しになるけれども、共産党の規約が「党の綱領と規約を認める人は党員となることができる」（第四条）と定めていることである。それが党員であることのもっとも大切な基準であり、私はその資格を満たしているのである。

そういう場合でも、党の側が私の解釈はおかしいと認定すれば、自由気ままに処分できるのであろうか。結社の自由とはそこまで党員から権利を奪えるものなのだろうか。

これまで論じてきたように、私は結社の自由を大切だと思っている。いくら憲法で出版の自由が保障されているとしても、綱領と規約を外部から批判し、綱領に反する政治目標をもつ分派を形成するような行為に及ぶなら、それが処分に値することは一般的には当然だろう。

また、共産党の綱領・規約の解釈が党内部で対立する場合、裁判所が一から十まで介入できないことも理解できる。裁判所が政党の路線、政策を変える権限まで持つようになれば、結社の自由は脅かされてしまう。私はそんなことは望んでいない。

しかし、裁判所の審査権が及ぶ場合も皆無ではないはずだ。

例えば、党の規約では、「党の決定に反する意見を、勝手に発表することはしない」（第五条五項）ことが党員の義務の一つとなっている。だが、極端な例になるが、その決定が犯罪に当たるようなことであっても、党員はそれに反する意見を公表してはいけないのだろうか。あるいは、「党の内部問題は、党内で解決する」（同条八項）という規約を根拠にして、党内のハラスメントを外に訴えようとすると批判され、除籍された事例があるが、それは規約の正しい運用であり、裁判所はハラスメント被害者の訴えを審査できないのだろうか。

綱領に関しても同じことが言える。例えば、かつて共産党の分裂時に一方の側が採択したような暴力革命路線の綱領を、現時点でどこかの党が採択することになった場合、裁判所はどう判断するのか。実際の暴力行為が起こらない段階で、綱領の文面のみをもって結社の自由に裁判所が介入し、解散させるようなことはできないし、やってはならないと思う。けれども、党員がその暴力革命路線を止めさせたいと願って綱領を批判する本を出版し、それに対して党が除名する挙に出たときも、裁判所は部分社会の法理を持ってきて、党員の訴えを審査できないという立場をとるのだろうか。

そんなことはないはずだ。綱領にせよ規約にせよ、憲法と法律に違反する決定を党員に強いる根拠となってはいけない。少なくとも、違法な決定を批判した党員が処分された場合、裁判所の審査権が及ぶのでなければ、司法の役割は果たせないはずである。

ましてや私は、いま挙げた事例のように、綱領や規約が間違っていると批判しているのではない。共産党にとってもっとも大事な決定である綱領と規約を守ることを明確にして著作を刊行したのである。それなのに除名が正当化されることになれば、出版の自由は深刻に脅かされることになる。結社の自由と出版の自由は対立することになってしまう。

こうした見地から、裁判所には私の除名処分が不法だと認定し、党員としての私の地位を確認してほしい。心からそう願っている。

第三章　最高裁判例に則しても私の除名は違法である

第二章では、政党の除名処分の先例である袴田除名事件について検討し、言論・出版の自由など政党員の権利が問題になるような場合でも、政党の規約が公序良俗に違反するなどの特段の事情がない限り、規約に沿って処分されるのなら（規約が存在しないときは「適正な手続に則って」されるのなら）問題はないと、最高裁が判断したことを紹介した。では、袴田除名事件において、除名が規約に沿ったものだったかどうかという点で、最高裁の判断はどんなものだったのだろうか。それを紹介しつつ、私の場合、その最高裁の判断が維持されたとしても、処分は不法という結果になることを論じたい。

1　袴田里見の訴えはなぜ最高裁で却下されたか

除名には四つの理由があったが最高裁はその正否を判断したのではない

まず袴田里見がどんな理由で共産党からの除名処分にあったのかを解説しておきたい。四つの理由があった。最初の二つは私の除名理由にも通じるものであり、政治的な理由で党員を除名する場合、こういう根拠を（私の場合は正当なものではなかったが）提示することが求められるのだと感じさせられる。

一つ目は、袴田が「『週刊新潮』に党を攻撃する文章を発表した」というものである。袴田は、一九七七年春頃から、規約違反の調査のために権利制限を受けており、党内で発言する機会を失っていた。そこで袴田は、自己の主張を社会に発表する媒体として『週刊新潮』を選び、「『昨日の同志』宮本顕治――真実は一つしかない」と題する「手記」を発表したのである（一九七八年一月一二日号、一月一九日号、二月二日号）。七八年一月発売号だったが、党の側はこれを一二月末段階で入手して検討し、統制委員会が規約違反の疑いで調査するので二六日に出頭するよう要請したが、袴田は病気を理由にして拒否した。そして三〇日、袴田の除名処分が決定された。週刊誌の刊行前に除名を決定するのだから、本の刊行直後に除名された私と比べても、はるかに素早い措置だったと言える。

二つ目は分派の疑いである。袴田は七六年末の総選挙後、常任幹部会で宮本顕治の批判を行うだけでなく、自分の見解を妻や周辺の党員にも語るようになった。それが、党中央に反対する自分の同調者を作ろうとする悪質な分派活動に通ずるとされたのである。

三つ目は、袴田が党にかくれてソ連共産党中央委員会に個人的使者を送ったとされたことだ。そして四つ目は、党の野坂参三議長はスパイだとする説をでっちあげ、党の団結と規律に正面から挑戦し、党への破壊行為を行ったとされたことである。四つ目は、のちに党自身が野坂をスパイだと認定し除名したのだから、袴田は真実を語っていたことになり、いまでは除名理由としてなり立たない。

ただし、いずれにせよ、裁判所はこの種の問題について何の判断もしていない。袴田の主張が「党攻撃」に当たるかどうか、袴田の行為が「分派」になるかは、党の内部問題であって裁判所が関与することにはならず、あくまで除名が規約にそって適正に行われたかだけを判断したのである。

「本件除名処分は右規約に則ってされたもの」

袴田除名事件における最高裁の判断はきわめて明瞭である。全文はすでに紹介したが、以下、その結論部分のみを再度引用する。

「本件除名処分は右規約に則ってされたものということができ、右規約が公序良俗に反するなどの特段の事情のあることについて主張立証もない本件においては、その手続には何らの違法もないというべきであるから、右除名処分は有効である」

袴田の除名処分は党規約にもとづいて行われた。↓その規約に問題があるとの主張立証を袴田はしなかった。↓それなら党が行った手続きには何の問題もないことになる。↓だから除名は有効である。きわめて論理的である。私が裁判官でも少数意見を書くことはなかっただろう。

ただ、最高裁判決を読んだだけでは、この点で袴田が何を主張したのか、党の側がどう反論したのか不明である。そこで、高裁の判決（東京高裁一九八四年九月二五日）を読んでみたい。

判決文によると、袴田の側は、除名処分が規約の手続き規定に反していることを訴えたことが分かる。党員を除名する場合には関係資料を公平に調査し、本人の訴えを聴き取らなくてはならず（旧規約六八条）、処分を受けるものには十分弁明の機会を与えるべきとされ（同六九条）、処分が決定する会議には本人が出席できるとされているが（同三条七項）、そのようなことはなされなかったというのが、袴田の主張であった。

これについて、党の側は徹底的に反論した。袴田がまだ役員だった頃、調査の段階で常任幹部会や調査委員会への出席弁明の機会を再三与えたのに出席を拒否したこと、役員でなくなったあと、実際に処分を決定する統制委員会で弁明できることを告げ、出頭を再三要請したが拒否したことなどである。これらについて党の側は、「被処分者の弁明の権利を自ら放棄したもの」と主張した。さらに、除名決定に不服であれば、規約にもとづき大会での再審査を求めることができるのに、その権利を行使しなかったことも挙げている。その上で、「これまで当該処分の有効性については何ら争っていないのであり、このことからしても本件除名処分が適法になされたことは明らかである」と断じた。裁判になってからようやく手続きがおかしいと言い出したということだ。

袴田に弁明の機会を与えたのに放棄したと事実認定

このやりとりを聞き、関連資料を精査した高裁は、党の側の主張に真実性を認めた。以下のように、ほぼ党の側の主張を受け入れて事実認定をしている。

「しかし、党員に対する除名処分は党としての最も重い制裁であるところから、党統制委員会としては控訴人から十分な弁明を聴いたうえで処分を決めようとしたが（党規約第六九条第一項にも、本人に十分な弁明の機会を与えなければならないと規定されている。）、前述のとおり控訴人が出頭を拒否したことから、これは自ら弁明の機会を放棄したものであるとして党常任幹部会の承認を得たうえで、控訴人からの弁明を聴くことなく、同月三〇日、控訴人の前記党規約違反の事実、特に、『週刊新潮』に掲載した前記『手記』の内容は党の規律を乱す重大な党規約違反であるとして、控訴人を除名処分とすることを決定し、直ちにその旨の決定を控訴人に通知した……。

……

控訴人は、叙上のとおり被控訴人から党員としての権利制限の措置をとられたのに、その際、党中央委員会に対し異議の申立や解除請求（党規約第三条（四））をせず、その後開催された党大会への出席要求をすることもなくこれを放置して、党の右措置に従っており、また、除名処分をされた際にも、党規約第六九条第二項に救済方法が定められているのに、再審査を求めるとか、党の上級機関に救済を求めるなどの手続は全くとっておらず、当該措置や処分の適否をいずれも争うことはなかった。

以上の事実が認められる。」

「手続上の不備、欠陥、その他違法不当な瑕疵も見当らない」と認定

高裁はこの事実認定にもとづき、次のような判断を下した。

「右認定の事実によれば、被控訴人のした本件除名処分には、控訴人の主張するような手続上の瑕疵は全くなく、被控訴人としては、本件除名処分を決定するに当たり、党常任幹部会内に特別の調査委員会を設けて控訴人の党規約違反の有無を調査し、当該被調査者本

人である控訴人に対しても再三出頭弁明の機会を与えたのに、控訴人は、その出頭要請を拒否するなどして殆んどこれに応ぜず、党規約上の権利を放棄したものであって、被控訴人のとったこれらの手続に欠けるところはないし、控訴人に対する党員の権利制限が党中央委員に選出される機会を奪うために仕組まれたようなものではないことも明らかであり、本件除名処分の通知書の記載内容が格別抽象的で不明確なものでなく、党規約に基づく再審査申立等に何らの支障もなかったことが十分認められ、他に本件除名処分の効力を妨げるような手続上の不備、欠陥、その他違法不当な瑕疵も見当らない。したがって、本件除名処分は、党の内部機関がその権限に基づいて党規約に従ってしたものであって、その手続には何らの違法もなかったといわねばならない。」

こうして袴田は、「党規約上の権利を放棄した」と高裁で認定されたのである。だから最高裁判決も、「本件除名処分は右規約に則ってされたものということができ……その手続には何らの違法もないというべきであるから、右除名処分は有効である」としたのである。

これらの点は、以下明らかにするように、私の除名の場合とは根底から異なる。袴田が放棄した党大会における再審査の権利については第一章で詳述したので、二〇二三年二月の除名処分そのものが規約を踏みにじって行われたことを、以下論じていきたい。

2　私の除名処分は規約を踏みにじって強行された

（1）党支部から処分の権限を取り上げた問題

党は「特別な事情」を脱法的に解釈した

党規約第五〇条は、党員の処分をどの組織が決定するかについて、以下のような規定をおいている。

「党員にたいする処分は、その党員の所属する支部の党会議、総会の決定によるとともに、一級上の指導機関の承認をえて確定される。特別な事情のもとでは、中央委員会、都道府県委員会、地区委員会は、党員を処分することができる。この場合、地区委員会のおこなった処分は都道府県委員会の承認をえて確定され、都道府県委員会がおこなった処分は中央委員会の承認をえて確定される。」

この規約で明白なように、党員の処分は、所属する支部（職場や地域ごとにつくられる基礎組織）の党会議（党員数が多い場合にいくつかの班に分かれることがあるが、それらの班から代表を決めて開かれる会議のこと）、または支部総会で決定することが基本である。支部に属する全員の声を集約するためだ。

ところが今回、処分の権限は支部から取り上げられ、京都南地区委員会が行った。この措置は、党員が所属する支部に処分の権限を与えた意味を、まったく理解していないものである。

処分というのは、処分を受ける党員にとっても、処分決定を下す側にとっても重大なものだ。そうであるが故に、対象となった党員が処分を下すにふさわしいか、どの程度の処分が適当なのかは、長年いっしょに苦労を重ねながら活動してきた党員が全員で議論しなければ、正確な認識に達することはできない。また、支部の党員全員が議論し、納得して決定しないと、禍根を残すことになる。決定は通常の支部会議ではなく、「支部の党会議、総会の決定による」としているのはこのためなのだ。

法律の世界で「特別法は一般法を破る」という言葉があるように、特定の条件のもとでは、一般的な法律の規定よりも特別の法律が優先する考えがあることは承知している。しかし、法律の世界でこの考え方が通用するのは、きわめて限定的な場合である。しかも、一般法を破ろうとする場合、どういう場合にどこまで一般法と異なる措置ができるようにするのかを定めた特別法を政府が国会に提出して審議し、議決するなどの手続きが必要とされる。

しかし、党規約には、どういう場合に「特別な事情」が適用できるのかの規定が存在していない。それはなぜかというと、支部が崩壊して会議が開催できない場合など、まさに限定して運用されてきたからである。党の教育課程でこの第五〇条の「特別な事情」とは何かを聞いた場合、「党支部が崩壊していて処分することができない時などだ」と教えられてきた。支部から権限を取り上げる手続きを規約が明示していないのも、支部が崩壊していれば、そんな手続きも機能しないからなのだ。

私が所属していた職場支部には、そのような「特別な事情」は存在していない。コロナ禍でリモートワークが定着して私も含む出版社の編集部は自宅での仕事が増えており、党の会議の開催頻度も減ってはいたが、必要な場合はいつでも会議を招集することが可能な状態だったのである。

党支部で議論したら除名にはならないと党が判断したから

ところが今回、「特別な事情」を限定してきた運用は踏みにじられた。私に対する地区委員会の「除名処分決定書」（二月六日付）では、「松竹氏がすでに全国メディアや記者会見などで公然と党攻撃を行っているという『特別な事情』にかんがみ、当該職場支部委員会の同意のもと、党規約第五〇条にもとづき、南地区委員会常任委員会として決定した」とされている。

しかしそもそも、規約上の処分は、党が「党と国民の利益をいちじるしくそこなうとき」（規約四八条）という重大な場合に行うものであり、それでも規約は支部に処分権限を与えているのである。「党攻撃」も「党と国民の利益をいちじるしくそこなう」ものであることは明白であり、私が「党攻撃」しているからといって（私はいかなる意味でも「党攻撃」はしていないが）、規約の原則を踏みにじってしまっては、特例が原則になってしまいかねない。党機関が「特別な事情だ」と決めれば何でも「特別な事情」になるというのでは、あまりにも裁量権を逸脱している。

しかも、私の言動が「党攻撃」に当たるというなら、なおさらいっしょに活動してきた支部の党員が調査し、批判するようにしなければいけない。仲間だからこそ問題になった党員の言動もよく知っているので、鋭い批判を行うことが可能になる。あるいは逆に、調査の対象になった党員が反省を深め、党にとってふたたび貴重な人材となるかもしれないのだ。

結局、支部党会議、総会の開催を求めなかったのは、私と苦労をともにしてきた同志に議論を委ねたくなかったからではないだろうか。そうしてしまうと、党機関が想定するような処分ができなくなると判断したのだろう。実際、除名後に党地区委員長を招いて開かれた支部会議では、「除名には反対だ」「あまりにも重いし、早すぎる」「支部は存在しているし、いつでも論議することはできるので『特別な事情』には該当しない」など、除名処分に対する異論が噴出した。

(2)「支部委員会の同意」という虚構が前提とされている問題

評価が異なる性格のものではなく、完全に事実に反している

「除名処分決定書」では冒頭で、私の除名処分について、「当該職場支部委員会の同意のもと、党規約第五〇条にもとづき、南地区委員会常任委員会として決定した」と書かれている。これを読めば誰でも、南地区による私に対する処分の決定には、私の所属する「支部委員会の同意」があったと思うだろう（支部委員会とは支部の指導部のこと）。他に読みようがない。しかしそれは完全な虚構である。

支部委員会はそもそも私の除名処分への同意を求められていない。処分が決定された五日の夜、地区委員会から個別の支部委員に対して電話があったようだが、そこでは地区が処分した事実と、翌日の京都府委員会の会議で承認される見通しが伝えられただけである。私を担当する支部委員は、私の処分には反対であること、「除名処分決定書」にある「支部委員会の同意」という部分は事実と異なっているので承認できないことを地区委員会に伝えている。

支部委員会が処分に同意したという「決定書」の記述は、評価が異なるというような性格のものではなく、完全に事実に反している。処分される党員にとって重大な意味を持つ「決定書」のなかに虚偽が書かれていること、しかも長年の同志が私の除名に同意したかのような虚偽が書かれていることは、処分の正当性を揺るがすものだと言わざるを得ない。

私は三月六日、党中央委員会に対して除名処分の一時執行停止を求める手紙を送ったが、その際、この部分の削除、訂正を求めた。党中央規律委員会の返事（三月一五日付）では、「『当該職場支部委員会の同意』とは、処分を地区委員会がおこなうことについてのべたものであり、処分の内容を意味するものではありません」とされていた。

この党中央の返事は、処分の内容に支部委員会は同意していないという私の指摘を、素直に認めたものである。ということは、「除名処分決定書」の記述が虚構であることを、他ならぬ党中央が認めたということに他ならない。それならば当然のこととして処分そのものも撤回されるべきだと考える。

同意のための会議は開かれず、同意した党員も「調査」限定同意だった

なお、いま引用した党中央の返事で、「『当該職場支部委員会の同意』とは、処分を地区委員会がおこなうことについてのべたもの」とされていることを紹介した。しかし、その「同意」も虚構の上に成り立っていることを指摘しておきたい。

まず、この時期、地区委員会が私の処分を直接に行いたいとして、同意を得るための支部委員会の開催を求めたことはない。調査と処分を党機関が行うことについて、「特別な事情」を挙げて支部委員会の同意を得たと述べているが、支部委員会の会議は一度も開かれなかった。支部委員会から得たという「同意」の内容についても、個々の支部委員との電話でのやり取りで済ませたためか、重大な認識の相違が生まれているようだ。私を担当

する支部委員は、支部で配布した文書（二月二四日付）で、同意したのは以下のように「調査」限定だったとしている。

「支部委員会は『調査』を機関にお願いしましたが、『処分』は規約第五〇条に基づいて行われるべきものです。」

「規約には除名処分は、『その党員の所属する支部の党会議、総会によるもの』として書かれています。『党を攻撃している』との理由を挙げて、五〇条の適応を根拠にしておられますが、そのことは『除名処分』にしたい理由であって、処分のルールはあくまでも規約の条文に従って手続をすることが求められます。

支部は存在しているし、ご指導いただければいつでも議論することはできるので『特別な事情』は存在しません。」

党規約は、「除名は、党の最高の処分であり、もっとも慎重におこなわなくてはならない」（第五四条）と定めている。「特別な事情」下で地区委員が直接に処分することについて支部の同意を得る場合も、地区委員会がやるべきことは、支部長も含めて支部委員会の会議を開き、しっかりと説明し、指導することだったと考える。個別の支部委員に電話をかけて「調査」することに限って了承をとっただけなのに（支部の側の理解はそういうことだ）、処分を地区が行うことについても同意を得たと言い張るやり方は、規約の求める「もっとも慎重に」という精神と逆行するものと言わざるを得ない。

いずれにせよ、今回の処分そのものに「支部委員会の同意」があったという「処分決定書」の記述は、党中央規律委員会が認めたように、完全に虚構である。地区委員会が処分の権限を取り上げることに「支部委員会の同意」があったという記述も、事実を歪めるものである。虚構を前提とした処分の決定は撤回されるべきだと考える。

（3）私が党内で意見を上げていないという粉飾がされている問題

私に対する「除名処分決定書」は、除名理由の一つをこう述べている。

「わが党のききとりのなかで、松竹伸幸氏は、自身の主張を、党内で、中央委員会などに対して一度として主張したことはないことを指摘されて、『それは事実です』と認めました。わが党規約は、中央委員会にいたるどの機関に対しても、自由に意見をのべる権利を保障しています。異論があればそれを保留する権利も保障しています。しかし、松竹伸幸氏は、そうした規約に保障された権利を行使することなく、突然の党規約および党綱領に対する攻撃を開始したのです。」

私が「自身の主張を、党内で……一度として主張したことはない」という党側の指摘を受け、「それは事実です」と認めたという叙述は党内で広く拡散され、少なくない党員の反発を招くことになった。党員は党と異なる見解を党外で表明してはならないという観念は、多くの党員に染みついた考え方だからである。

党支部内で意見を述べていたのに「一度として主張したことはない」と

しかしこの問題は、二重三重に歪められている。まず、党内で一度も主張していないというのは、事実と異なる。なぜなら私は、自分の所属する支部では自由に意見を述べており、支部の党員なら私と志位氏の見解が異なることは誰もが知っていたからだ。今回の除名に関して支部委員が地区委員会に提出した意見書（前出）でも、「安保・防衛問題については、（志位）委員長と松竹氏の間に意見の違いがあることは知っています」と明記されている。

ではなぜ私が「それは事実です」と述べたとされてしまったのか。これは党の側の巧妙な印象操作である。調査（「決定書」にある「ききとり」）の全体は記録し、すでに紹介したように私のＨＰで音源を聞けるようになっているので、関心のある方はアクセスしていただきたい。京都府委員会の宮下雅之副委員長が、一八分過ぎにこう聞いたのである。

「松竹さんにね、ちょっとお伺いしたいのは、さっき規約のことを縷々《るる》、党内のことは党内で党内でも意見を中央委員会を含めて全て出すことができる、こういう規約に照らしたときに、これまで一回も一度として党内的に意見を上げたことがない……それは事実なんですか？」

　共産党規約に通じている人はすぐに分かることだが、ここで宮下氏が指摘しているのは「中央委員会にいたるどの機関にたいしても、質問し、意見をのべ、回答をもとめることができる」という規約第五条六項のことである。あくまで地区委員会から中央委員会にいたる「機関」に意見を述べることを指しているのである。

　私は党支部内では自由に意見を述べていたが、機関に意見を上げるようなことはしていない（あとで述べるように中央委員会の担当者との意見交換はしている）。だから機関に上げていないことを指摘され、「それは事実です」と認めた。ところが「除名処分決定書」では、「党内で……一度として主張したことはない」として、党支部でも何も発言していないかのように粉飾を行ったのである。除名の理由とされる事実、根拠が粉飾なのだから、除名には何の正当性もない。

義務に違反すれば制裁されるが権利は自由に放棄できる

では、党規約が「どの機関に対しても、自由に意見をのべる権利を保障」しているのに、私が「そうした規約に保障された権利を行使」しなかった、だから規約違反で除名だという「決定書」の指摘をどう考えるのか。これは、権利と義務の関係について、規約と社会常識に対する無理解が招いた見解だと言わざるを得ない。

機関に意見を上げることが「義務」なのにそれを果たさなければ、確かに規約に反したと言えるだろう。義務とは、「当然しなければならないこと」「強制・拘束」「規範によって命令ないし禁止されたこと」なのだから（『大辞林』）、当然そういう理解になる。

しかし、権利とは、同じ辞書によれば、「人に賦与される資格。法的正当性」だとされる。同時に、「ある行為をなし、またはなさぬことができる」とも規定されている。つまり権利とは強制ではなく、行使することもしないことも自由にできるものなのである。そうした性格を持つのが権利なのだから、それを放棄したからといって、義務に違反するのと同じ扱いを受けるいわれはない。

性格は異なるが、例えば国際法の世界を見渡して考えてみよう。国際法でジェノサイドを犯してはならないと決まっているので、この義務を国家が放棄することはできない。一方、自衛のための権利はどの国家も所有する権利だと考えられているが、権利なのだからみずから権利を放棄したり制限するのは国家が自由にできるのである。日本国憲法が自衛権に制約を加えていることからも理解できるだろう。それと同じことだ。

つけ加えて言えば、「党の内部問題は、党内で解決する」（規約第五条八項）を持ちだし、私の党外での出版を批判する人もいた。何が内部問題かが示されていないので、党員それぞれが自分で解釈するしかないというのが、まず前提的な問題として存在する。しかし、その問題を措《お》いても、規約のこの条項は、古い規約では「党の内部問題は、党内で解決し、党外にもちだしてはならない」となっていたのを、「党外にもちだしてはならない」の部分を削除したものだということを指摘させてもらいたい。規約が変更されていることも知らない不勉強な人による批判なのだ。

それに代わって現行規約には、「党の決定に反する意見を、勝手に発表することはしない」（第五条五項）という規定が加わった。勝手に発表してはいけないのは、「内部問題」全般から「党の決定に反する意見」のみに限定されたのである。私が主張した「党首公選」は、いかなる意味でも「党の決定」に反するものではなかった。党の綱領でも批判されていないし、大会で批判的な見地が決定されたこともなかった。二〇二二年夏に党首公選を批判する党建設委員会名の論文が出されたが、党規約で「党の意思決定は、民主的な議論をつくし、最終的には多数決で決める」（第三条一項）とされていることを考えると、党内で何の議論も尽くされていないし、党大会などで「多数決」で決まったものでもないので、「党の決定」ではなかったのである。

党中央の担当者とは頻繁に意見交換をしていた

しかも、私は規約が規定するような厳密な意味では、中央委員会に対する意見を上げていないかもしれないが、中央委員会の担当者とは頻繁な意見交換を行っていたのだ。政策委員会の政治・外交委員長だった山根隆志氏（故人）との間でのことである。『シン・日本共産党宣言』にもそのいきさつは書いているので、この本を根拠にして私を除名した党の側はよく知っているはずであるが、無視されているので該当部分をあえて紹介しておこう。私は二〇一七年末、『改憲的護憲論』（集英社新書）を上梓し、党の安全保障政策の変遷について詳細に記述したが、それに関連した記述である。

「当時、共産党の政策部門にある政治・外交委員会の責任者であった山根隆志氏（故人）

は、私が上京する度に意見交換する間柄であったが、いつものようにこの本も贈呈した。

本を贈呈した直後、その山根氏から聞いたことだが、『改憲的護憲論』をめぐって、党内で少し議論があったという。この本を読んだ小池書記局長が政策委員会にやってきて、山根氏に『メディアから問い合わせがあったらどう対応しようか』と聞いたというのだ。そして、書いていることの事実関係は否定できないので、『評価は異なる』で押し通そうということになったそうなのだ。」

関連する記述はさらに続くので、関心のある方は読んでいただきたい。

山根氏との意見交換は、私の退職以来、ずっと続いてきた。いうまでもなく党の安全保障政策をどう発展させるべきかがテーマである。私は自衛隊活用論を復権させたいと願い、山根氏もそこは同じだったが、専守防衛まで踏み込むべきだと考える私に対して、山根氏は当初、専守防衛が歴史的に果たしてきた有害な役割を指摘し、そこまではできないと考えていた。そこで私も最終的に『シン・日本共産党宣言』（刊行時に山根氏は亡くなっていた）では、専守防衛に「核抑止抜き」という限定をつけたネーミングにすることにしたのであるが、それに至る過程で議論を積み重ねてきたのである。

その経過のなかで、二〇一五年、志位氏が野党の国民連合政府構想を打ち出し、自衛隊活用論から日米安保条約第五条の発動、政権としての自衛隊合憲論へと踏み込んでいく。私は本部を退職してから一〇年間、党の安全保障政策について本などで言及することを控えてきたが、志位氏の見解の発展を受け、私との意見の違いはなくなったのでもうおおやけにしてもいいだろうと考えて、『改憲的護憲論』で党の安全保障政策の変遷を詳述したのである。

ところが、その叙述で指摘したことの事実関係は別にして、評価は異なるのが党中央の見解だと聞かされて、ずいぶんがっかりしたのである。その評価が異なる点が、結局は野党共闘の障害になっていると感じたので、私は『シン・日本共産党宣言』を執筆することになったわけである。

山根氏と最後にお会いしたのは、参議院選挙を目前に控えた二二年五月半ばのことである（山根氏は二五日に沖縄で死亡）。その一カ月前、前述のように志位氏が、参議院選挙を前にした党の決起集会において、「海外派兵の自衛隊を、文字通りの専守防衛を任務とする自衛隊に改革する」と報告していたので、私は山根氏に対して「党としてははじめて専守防衛を肯定的な文脈で使ったね。すごいことだ」と評価してねぎらったのである。山根氏は「それが分かってくれるのは松竹さんだけだ」と喜んでくれた。そして、参議院選挙が終われば、退職して別の仕事をしたいと述べていた。私が党首公選を求めて立候補する意向であることは、私のブログを読んで知っていたので、立候補したら応援する側に回ってほしいとお願いしたが、黙っておられた。党のことを知り尽くしているから、何か不安を感じ取ったのだろう。

山根氏との意見交換は、毎年五～六回のペースで行われていた。私にとってはそれが党に意見を上げることよりも重たい意味を持っていたため、『シン・日本共産党宣言』の刊行にあたり、改めて必要性を感じなかったというのが、正直な気持ちである。

（4）処分を決定する会議での意見表明の権利が奪われた問題

処分、とりわけ除名処分は、処分される側にとっても、処分する側にとっても重大な行為である。そのため党規約は、除名の対象となった党員がこの手続きに関われるよう、厳正な手続きを定めている。関連する条項は以下の通り。

「自分にたいして処分の決定がなされる場合には、その会議に出席し、意見をのべることができる」（第五条一〇項）

「除名は、党の最高の処分であり、もっとも慎重におこなわなくてはならない。党員の除

名を決定し、または承認する場合には、関係資料を公平に調査し、本人の訴えをきとらなくてはならない」（第五四条）

「党員にたいする処分を審査し、決定するときは、特別の場合をのぞいて、所属組織は処分をうける党員に十分意見表明の機会をあたえる」（第五五条）

このうち、第五四条は、処分を決定する前に、本人の訴えを聞く調査を実施することを求めたものである。この点については、次に述べるように重大な問題を抱えたものだったとはいえ、調査自体は二月二日に実施された。

「調査」は意見表明の場ではない

一方、第五条一〇項と第五五条は、完全に無視されている。この条項は、党員に対して行った調査をふまえた上で、実際に処分を決定する会議を開催する際は、本人が「その会議に出席し、意見をのべることができる」「党員に十分意見表明の機会をあたえる」ものである。

しかし、私に対する処分を決めたとされる二月五日の京都南地区常任委員会の会議では、私は意見を表明する機会を与えられていない。会議への出席も求められていない。それどころか、五日に会議が開かれることは伝えられたが、何時にどこで開催するのかさえ知らされなかった。この点を先ほど紹介した党中央への手紙で指摘したところ、党中央規律委員会の返事は、関連する全文を紹介すると以下のようなものだった。

「二月二日の調査の際に意見表明の機会を与えたうえで、処分を決定する京都南地区委員会常任委員会が二月五日におこなわれることを伝えています。しかし、あなたからはその後、地区委員会に対して、党規約第五条一〇項の『自分にたいして処分の決定がなされる場合には、その会議に出席し、意見をのべることができる』という権利にもとづいて会議に出席するという意思表示はありませんでした。『意見をのべる権利を奪われた』という指摘は当たりません。」

党中央規律委員会とは、「党員の規律違反について調査し、審査する」とともに、「除名その他の処分についての各級党機関の決定にたいする党員の訴えを審査する」役割を持っている（規約第二六条）。その役割を果たすためには、規約に関する正確な理解を有していなければならない。しかし、この返事を見る限り、ほとんど規約を読んだこともないのではないかと感じる。あるいは、今回の処分が規約上の瑕疵を抱えていることは否定できないため、規約の強引な解釈で正当化しているかのようでもある。

まず、規約違反の問題での「調査」とは、読んで字の如く、あくまで処分をするかどうかを判断する材料を調査するためのものであって、処分を受ける党員が処分内容に関して「意見表明」する場ではない。二月二日の私に対する調査の場でも、京都府と地区の出席者から、「調査」であることは伝えられたが、その場で「意見表明の機会を与え」るなどという発言はされなかった。

それは規約の構造上、当然のことである。「意見表明」とは、規約第五五条が明確に述べているように、「党員にたいする処分を審査し、決定するとき」に党員に対して与えられるものだからだ。二月二日は「調査」であり、処分は決定されていないのだから、処分に対する意見など表明しようがなかったのだ。意見表明の権利は、処分を決定する五日の日に与えられるべきだったのである。

意見表明の権利の存在は党の側が党員に伝えるべきものだ

規律委員会の返事では、五日に処分が行われることは二日に伝えたのに、私から意見表明のために出席するという「意思表示はありませんでした」として、「『意見をのべる権利を奪われた』という指摘は当たりません」と述べている。二〇二四年一月の党大会における私の再審査請求に関する山下副委員長の報告によると、この返事をさらに広げて、「松竹氏からも繰り返し日程確認の問い合わせがあったが、松竹氏は、会議に出席し、意見をのべる権利を行使しなかった」と主張した。

この問題をめぐって大事なことは、「意見表明」は、処分される本人から申し出る性格のものではないということである。規約にそんな権利の存在が書かれていることを知らない党員もいるのだから、規約第五五条で明確に書かれているように、「所属組織（この場合は地区委員会）」の側から、「党員に……あたえる」、つまりそういう場があるので、あなたには参加する権利があると告げるべきものなのである。それなのに、それこそ私が地区委員会に「繰り返し」連絡していて、地区委員会は私に意見表明の権利があることは何度も伝える機会があったのに、一度たりともそうしなかったのである。

意見表明とは、その種の権利だからこそ、私の除名当時に党の幹部会委員（元埼玉県委員長）だった増子典男氏（現、名誉役員）は、今回の私の処分に関連して自分のツイッター（当時）で、これまで多くの処分に関わったことを紹介しつつ、「私も何回も経験していますが、出席を求めなかったことは一回もありません」（二〇二三年二月八日）と発言したのである。他の県で一回もなかったことが、京都府では起こったということだ。その京都府でも、私のあとに除名された鈴木元氏の場合、処分を決定する会議に参加して意見表明する権利があることを京都府委員会から告げられている。私の場合に限って、意見表明の機会が奪われたのである。

これは特定の県だけで行われている慣例ではない。すでに紹介したように、袴田除名裁判においても、袴田が意見表明の機会がなかったと主張したため、この問題が争われた。それに対して党の側は、すでに紹介したように、処分する会議の日程を袴田に伝えたにとどまらず、意見表明の権利があると袴田に伝え、会議に出席するよう要請した事実を主張して反論し、裁判官もその事実を認めたのである。党の側から処分される党員に対して権利の存在を伝え、出席を求めることは党の全国的な方針なのだ。そして、その党の主張が事実として認められたからこそ、袴田裁判で党は勝訴したのである。

袴田にも意見表明の権利があるから会議に参加せよと要請したのに、私にだけはそれが告げられなかった。なぜ、私に関してだけそんな措置が取られたのか、理由は分からない。しかし私の場合、「除名は、党の最高の処分であり、もっとも慎重におこなわなくてはならない」という規約の根本精神が踏みにじられたことは明らかである。私を規約違反だとして処分した側が、実は規約を根底から犯していたということだ。

（5）調査の前から結論ありきだったという問題

調査というより「断定」のようなもの

規約違反問題で二〇二三年二月二日に行われた調査は、京都府委員会と同南地区委員会の合同で実施された。京都府の副委員長と常任委員、南地区委員長の合計三人が調査をする当事者であり（別に記録役が同席）、主導したのは南地区委員長である。私にとって初めての体験であり、緊張して臨むことになった。

調査を受けてみてびっくりしたことがある。何かと言えば、「これでは調査とはとうてい言えない」ということだ。調査の途上でもそれを指摘し、改善を求めると、「では調査に応じないということか」と問われ、調査には応じるが、調査としての資格はないと私は強調することになる。

一言でいうと、調査というより「断定」のようなものだった。地区委員長が用意した十数ページの用紙を順番にめくり、「あなたのこの言動は綱領に違反している」「これは規約に違反している」「これは分派に当たる」と宣告していくのだ。それに対して私は、具体的な根拠をあげて反論する。例えば、私の安保条約・自衛隊問題での考え方が綱領に反するという指摘に対しては、志位氏が安保条約第五条の発動を認め、自衛隊の活用論を展開し、共産党の入る政権では自衛隊は合憲だと述べた事例をあげて、私の考えは党中央の考えの枠内であることを証明するのである。そうしたら、南地区委員長は、それには反論をしないまま、「では次に」と言って次のページをめくって別の論点に移っていく。議論がかみ合わないとはこのことだ。調査とは辞書で「事を明らかにするために調べること」とされるが、何も明らかになっていかないのである。

もっともびっくりしたのは、そうやって調査が終局を迎えると、地区委員長が最後のページをめくり、「松竹さんの行為は除名処分に値します。そのための手続きに入ります」と述べたことである。常識から考えて、あれが調査だというなら、まずは調査結果をちゃんと分析して地区委員会に諮り、その上で結論を決めるべきだろう。袴田裁判の場合も、調査と処分の決定はまったく異なる日に行われた。せめて同席していた京都府の副委員長、常任委員二人の意見を聞くぐらいのポーズはとるべきだろう。そういう手続きは何も踏まれないまま、最後のページに事前に書かれてあった結論が読み上げられたのだ。これが調査の資格を欠いていることは明らかではないか。

私を処分することは以前から検討されていた

なぜ調査の前から結論が決まっていたのか。その真相は党大会に向かう議論のなかで明らかになった。

党中央委員会は二〇二三年一二月二七日、翌年一月の党大会に向けて党員が寄せた「大会決議案への感想・意見・提案」を、「しんぶん赤旗」の「党活動のページ」の臨時号として刊行した（以下、「討論誌」）。私の除名処分への異論も掲載されている。そのなかの一つに、「党建設と党規約にかかわって」と題する京都の党員の意見が載せられていたが（第二分冊二七ページ）、その一節に次のような記述があった。

「二〇二三年二月五日に京都南地区常任委員会が松竹氏の除名処分を決定し、翌日六日に京都府委員会常任委員会が承認し、処分が確定しました。私はこの処分直後に、ある中央本部勤務員に対し『処分が性急ではないか』と意見を送りました。しかし、その方からは、松竹氏の処分は性急でなく以前から集団的検討をしていた主旨の返事をもらいました。」

まず、私の除名処分の経過に関して、この党員が書いている党中央の対応が事実かどうかである。これは事実だとみなせるだけの根拠がある。

「討論誌」への党員の寄稿に関しては、「赤旗」（二〇二三年一一月一六日付）において、党中央委員会書記局の「討論への参加要領」が示されている。そこでは、「決議案と無関係のもの、誹謗《ひぼう》・中傷に類するものは、掲載しません」とされている。実際にこれまで、事実関係に誤りがあるものも当該規定に反するとされ、党中央から電話やメールなどで訂正が求められたり、掲載が不許可とされている事実が存在する。「討論誌」に当該意見（「党建設と党規約にかかわって」）を掲載するに当たっては、対応したとする党本部勤務員への聞き取りなどがされ、事実関係が確かめられたはずである。意見が掲載されたことは、「松竹氏の処分は……以前から集団的検討をしていた」という事実関係に誤りがなく、そう返事をしたとされる党本部勤務員に対する誹謗・中傷にも当たらないと判断されたということに他ならない。

この意見を寄せた党員は、私の除名処分の承認（二月六日）直後に、党本部勤務員に意見を寄せたと書いている。その際、「松竹氏の処分は……以前から集団的検討をしていた」と返事があったということは、私が『シン・日本共産党宣言』を刊行したのは、処分のわずか一七日前の一月一九日のことだから、その「以前」から中央委員会で私を処分することを「集団的に検討」していたことになる。

党外で出版したから除名というのはこじつけだった

　これは私の除名理由の根幹を揺るがすものである。二〇二三年二月六日付で公表された「除名処分決定書」は、私の除名理由を四つにわたって述べているが、そのどれもが『シン・日本共産党宣言』に直接に関わることだ。そこで主張した内容が綱領・規約に反すること、それと同時期に鈴木元氏の本を刊行したのが分派活動に当たること、その内容を伝える意見を党機関に述べなかったことが除名理由なのだ。それなのに、本の刊行以前から、党中央が私の処分を集団的に検討していたのである。本を出したことを理由とした今回の除名は、まったく根拠がなかったことになる。

　百歩譲って、私が党首公選を求めて闘うことを自分のブログで表明した二一年一一月中旬の時点で、党中央が私の言動を警戒するようになり、その主張を本として刊行した時点で処分に踏み切ったのだと仮定しよう。その場合、「決定書」で本の刊行が処分の理由とされていることは、ちゃんと経過が書かれているなら、それなりに説明がつく。しかし、私のブログをずっと点検していて、処分を集団的に検討するほどの問題を感じていたなら、党中央ともあろうものがするべきは、私に対して説得を試み、不調に終わったら警告するなりすることであっただろう。そういうことは何もせず、私がすべてを包み隠さず一連のブログで主張しているにもかかわらず、党中央は本が出される日が来るのを虎視《こし》眈々《たんたん》と待ち続け、出版されたとたん「待ってました」とばかりに除名に踏み切ったということだ。これでは党指導部としての資格が問われることになると思う。

もっとも、こうやって党中央が早くから私を除名処分にすることを検討していたなら、南地区委員会の調査の時点ですでに結論が告げられた理由も分かる。私に対する処分は、地区委員会が支部から権限を取り上げて決めたものではなく、じつは地区委員会にも京都府委員会にも権限の存在しない事項だったのだ。要するに中央委員会が京都の党に指令したものだったということだ。

やはりこれは「除名は、党の最高の処分であり、もっとも慎重におこなわなくてはならない」という党規約（第五四条）の精神を著しく踏みにじるものに他ならない。何があっても除名撤回裁判を最後まで闘い抜く覚悟である。

第四章　対談「志位議長よ、なぜ私が除名なのか」×佐藤　優

松竹　本日はお会いできて大変光栄なのですが、実は知人のなかには、佐藤さんと対談することに反対する人もいまして……。

佐藤　私は学生時代から日本共産党にかなり批判的でした。「佐藤はけしからん反共主義者だ！」と現在の共産党も認識しているはずです。

ただ、思想信条は違っても、心の底から信じるものに従って筋を通されてきた松竹さんの生き方自体に私は魅了されて、ずっとお会いしたかったので、本日は念願叶って大変うれしく思っています。

共産党は「佐藤はどういう反共主義者なのか？」は掴みかねているでしょう。私の「反共」が分かりにくいのは、三つの要素からなるからです。①講座派に対する労農派的な意味での「反共」、②ブント系の新左翼的な意味での「反共」――①と②の混合はよくあるケースですが――、そこに、インテリジェンスに関わった経験から、③公安警察的な意味での「反共」も加わっていて、その点がとくに「訳が分からない」と思われているだろうと自己分析しています。

松竹　公安調査庁現役幹部の横尾洋一氏と対談（「革命路線に変わりなし」『正論』二〇二一年七月号所収）されていたのには私もひどく驚かされました。佐藤さんと対談するにあたって、「これだけは言っておかないと」と思っていました。

破防法の調査対象

佐藤　二〇二〇年に共産党が一六年ぶりに党綱領を改定して〝ソフト路線化〟をアピールしたことを受けた対談でした。

「共産党をなぜ調査対象にしているのか、その危険性に対する公安調査庁の認識を教えて下さい」と私が尋ねたところ、横尾氏は、「日本共産党は昭和二十六年から同二十八年頃にかけて、団体の活動として革命の正当性や必要性を主張し、各地の党組織や党員が殺人や騒擾《そうじょう》などの暴力主義的破壊活動を行った疑いがあります。現在においても、いわゆる『敵の出方論』に立った暴力革命の方針に変更はないと我々は認識しております」と答えています。

実際、公安調査庁は、書記局長の決裁を得た文書なら知ることができるくらい共産党内部に入り込んでいますね。

松竹　はい。しかし共産党は、一九六一年の時点ですでに、国会で他党とも連携して過半数を占めることで革命を実現する、という「平和革命論」を綱領で定めています。「暴力革命」的な方針が提起されたり議論されることは、私自身、約五〇年にわたる党員生活のなかで一度も目にしていません。

それこそ、共産党が不当にも「破防法の調査対象」にされているからですが、警備の訓練が行われています。ただし、「ピストルは当たらないから気にするな」といった受け身の指導ばかりです。そんな党に「暴力革命」など実行できるはずがない。

佐藤　委員長の志位和夫さんも、「共産党に破防法が適用された事例はない」と強調しますが、公安調査庁からすれば「共産党の暴走を防げているのは自分たちが監視しているからだ」という水掛け論になる。私も公安調査庁と同じ認識です。ただ、国家がそれほどの〝緊張感〟を持たざるを得ない政党が法的にも社会的にも認知されていること自体は、民主社会にとって、とても大事なことだと思います。

　共産党本部の政策委員会メンバーとして安全保障や外交の責任者も務めた松竹伸幸氏（対談時68）。二〇〇六年に党本部を退職していた彼が一躍注目を集めたのは、二〇二三年一月のこと。『シン・日本共産党宣言』を刊行し、共産党も自民党や立憲民主党などと同様に、党首を全党員による投票で選ぶ「党首選挙制」を導入するよう訴え、「ヒラ党員」として自らも立候補すると宣言したからだ。

　書籍刊行後の同年二月五日、松竹氏が所属する共産党京都南地区委員会が党規約で最も重い「除名」処分を決定し、翌日に京都府委員会が承認。これに対し松竹氏は、「除名の撤回」を求め、翌二四年一月一五日〜一八日に四年ぶりに開催される党大会での「再審査」を求めていた。

日本政治に〝緊張感〟を与える

松竹　私も共産党は〝緊張感〟を与える存在であってほしいと願っています。ただしそれは「暴力革命」によってではありません。

　①共産党が党員投票の党首選を実施する→②共産党にも自由があることが国民に知られ、共産党への国民の抵抗感が和らぐ→③党首公選を通じて安保・防衛政策で他の野党と「共

通の土俵」が生まれる↓④野党の間で安保・防衛政策はもちろん経済政策も含めて自民党との対抗軸となるような議論が開始される↓⑤野党の政権共闘が確立し自民党政権を脅かすような存在として次の国政選挙に臨む↓⑥政権交代の可能性が現実のものとなり、自民党政権が存続する場合も野党の存在と主張を無視できない政治状況が誕生する。

日本政治にこうした〝緊張感〟を生み出すためにこそ、党首公選を訴えました。もし党首公選で私が党首になったら、「暴力革命はめざしていない」と公安調査庁に申し入れに行きますので、その時は佐藤さんにもご協力いただきたいです（笑）。

佐藤　松竹さんが党首になられたら、喜んで立ち会います（笑）。

御本を読んで私が何よりお聞きしたかったのは、一橋大学時代のお話です。松竹さんは大学時代に民青（日本民主青年同盟、日本共産党の青年組織）に入り、次いで共産党に入党されますが、その頃、とても楽しい学生時代を過ごされたことが伝わってきました。

松竹　確かに楽しかったですね。

佐藤　私は、学生時代から民青・共産党とは敵対する日々でしたから、悪い印象ばかりです。松竹さんの五歳下で、一九七九年に同志社大学神学部に入学し、新左翼系ブントの神学部自治会のシンパとして、民青・共産党と対峙し、暴力的衝突も日常茶飯事。民青の学生は同志社には少なかったのですが、関西における民青の拠点だった立命館大学などから応援部隊が来て、「暴力反対」と書かれた釘の飛び出したプラカードで、殴りかかられたこともあります（笑）。ですから松竹さんの本を読んで、民青のあり方も、大学や地域によってこんなにも違っていたのか、と。

学生の面倒見がよかった神学部の教授に言われたことを今も覚えています。「怒るだろうけど、君たち同志社ブントは『子供の政治』だ。社会に出ていろんな目に遭うから『子供の政治』でも学生運動は大いにやったらいい。ただし民青、統一教会、中核派は『大人の政治』を実践している。学生たちは利用されているだけで、一生を棒に振りかねない。我々は教育的な配慮からこれは阻止する」と。

今になって分かるのは、同志社ブントが比較的自由に動けたのは、実は共産党や統一教会や中核派に対する〝魔除け〟の意味があったから。早稲田の場合には、共産党に対する〝魔除け〟として、革マルを呼び込んでしまった面がありますね。

松竹　佐藤さんの学生時代と比べて、私の学生時代は牧歌的なものでした。当時の一橋大は、民青にとってまさに「わが世の春」で、左翼は民青ばかりですから、「内ゲバ」的な衝突はなかったです。

自由な雰囲気だった共産党

佐藤　松竹さんは、経済的に苦労されたご両親を楽にするために、銀行や商社に入りやすい一橋大を選ばれた。けれども、卒業後は共産党の専従活動家の道に進まれた。重い決断だったはずですが、それを後押ししたのは、学生運動の幸せな原体験だったのではないですか。民青にはどんな経緯で入られたのですか。

松竹　一橋大への入学は一九七三年。私は寮生でした。朝まで麻雀をしたり、プールで遊んだり、普通の学生生活を送っていましたが、当時の寮では民青と、石原慎太郎さんを信奉する右派寄りの人たちが、寮の委員長の座をめぐって争っていました。

佐藤　右派の人たちに理論的な深さはそれほどなかったでしょう?

松竹　「石原さんは、いい人だよね」という感じでした（笑）。

　貧乏学生の私は、ただただ手当欲しさに寮委員になり、両方の派閥と仲良くしていたら、「われわれの側の候補として委員長選挙に出ろ」と双方から言われて……そのうち両派が手打ちをして、争いなく私が寮委員長に選ばれてしまったんです。

佐藤　「統一戦線」ですね（笑）。

松竹　その間、深夜喫茶で「民青に入れ」とオルグされ続け、一年近く抵抗したのですが、結局、二年生の春に民青に入り、その年の七月に共産党に入党しました。

佐藤　共産党にずいぶん早く入党されたんですね。民青はともかく、共産党は内部規律が厳しい組織ですから意外な感じがします。

たとえば、社会党の内部統制はゆるいですから簡単に入れても、社会党の青年組織である社青同（日本社会主義青年同盟）には簡単には入れませんでした。社青同は、第四インターナショナル派の加入戦術（他組織に初めは個人単位で入って、後にその組織自体を乗っ取る戦術）でひどい目に遭っていたからです。機関紙、綱領、規約だけでなく学習指定文献の古典を一〇冊ぐらいみっちり読ませて、活動も少しさせて、本気でやるのかどうかを見極めていた。

松竹　民青や共産党よりはるかに厳しいですね。我々の頃は、大学入学後に比較的気軽に民青に入って、すぐに入党するのが普通でした。

実際に入党して身近に接した共産党が、意外なほど自由な雰囲気だったのにも驚きました。国政選挙の際、「では、共産党の政策を学びましょう」と当然なるものと思っていたら、全政党の政策を平等に学ぶんです。政党ごとに担当者を決め、「我が党が正しい」と議論を戦わせて、必ずしも共産党が正しいという結論にならない。そんな自由を認める共産党に敬意を感じました。

佐藤　同志社の共産党員からは、とても想像できません。

松竹　良い先輩にも恵まれました。全学連委員長を務め、後に党中央委員会でも働いていた田熊和貴さんが、党の方針と違ったことを口にしたので、「そんなこと言って大丈夫ですか?」と聞いたんです。すると「学生に通じない理論なら、それは理論が間違っている。一から理論を考え直さなければならない」と。

佐藤　素晴らしい！

松竹　そんな経験から、共産党本部にいるのは、田熊さんのような柔軟な人ばかりだと思っていました。そうではなかったのですが（笑）。

佐藤　私は高校二年の時にマルクスへの関心から社青同に入りましたが、両親は少し不安そうでした。専従職員の道を選ばれた時、ご両親に何と言われましたか？

共産党専従職員として

松竹　「お前が銀行に入る夢を本当に見たことがある」と笑われつつも、反対はされませんでした。

佐藤　専従職員としての生活はどんな感じですか？

松竹　豊かな生活ではないですが、食べていけないほどではありません。今の若い世代を見ていると、給料より労働時間が大変ですね。朝から仕事を始め、定時に終わっても、夜間に行われる各支部の会議にも顔を出さなければならない。子供を育てながら続けるのは大変です。

佐藤　教会も〝斜陽産業〟で牧師業だけで食べていくのは大変なので、年金生活者の牧師が増えています。

松竹　そこは共産党の専従職員も同じです。ただ、年金生活者には利点もあります。収入のすべてを党に依存するわけではないので、自由に発言できるからです。私の除名問題でも、年金生活者の職員が私を支持してくれている印象です。

私自身は安保外交部長の時に、志位委員長との間に意見の相違が生まれ、二〇〇六年に党本部を退職しました。しかし、その後も党員であり続け、毎月、収入の一％を党費として納め（カンパはもっと多額ですが）、所属する支部（職場、地域、学校などで組織される共産党の基礎組織）の会議も欠席したことはありません。

「護憲」と「安全保障」の両立

佐藤　退職後は、京都のかもがわ出版で、数々の優れた本を出されていますね。元防衛官僚で内閣官房副長官補も務めた柳澤協二さんのような誠実な方とも仕事をされている。

松竹　「防衛幹部を経験しながら、つまり日本の防衛を真剣に考えながら、九条を支持する人」の本をぜひ出したいと思ったんです。

佐藤　公務員は憲法遵守を宣誓する書類に必ずサインをしますから、九条を守るのは当然です。ただ「護憲の立場から日本の安全保障をリアルに論じる本」はなかった。

松竹　柳澤さんは、退職後の二〇一〇年、普天間飛行場の移設問題に関して、「海兵隊の抑止力を検証せよ」という論考を朝日新聞に出されました。日米同盟も在日米軍も大切だが、抑止力を盾に海兵隊を沖縄に押し付けるのはおかしい、と。「素晴らしい議論だ！」と思い、すぐに連絡をとって、『抑止力を問う――元政府高官と防衛スペシャリスト達の対話』という、柳澤さんと防衛研究所OBとの対話集を出しました。

佐藤　あれはいい本でしたね。

松竹さんの言う「核抑止抜きの専守防衛」は、現行の日本外交・安全保障政策の〝閾値〟を超える提言ですが、検討に値します。

松竹　最初に担当した本は、防衛省幹部OB三人の共著『我、自衛隊を愛す　故に、憲法9条を守る』です。自民党で「九条堅持」を主張していた加藤紘一さんに帯文をお願いしましたが、悩んだのは、どこに広告を打つかです。防衛専門紙の『朝雲』にも広告掲載を依頼したところ、二カ月ほど返事がありませんでしたが、最終的には当時の防衛省の広報課長が「出すのは当然です」と言って決まったそうです。

佐藤　『朝雲』に広告が載っていれば、「自衛隊員も読んでいい」となる。実際、防衛関係者には、松竹さんのファンもいるでしょう。国防に真剣に向き合い、現場の自衛官のことも考えられているからです。

松竹　二〇一四年には、柳澤さんたちと「自衛隊を活かす会」をつくることになりました。

なぜ「除名」されたのか

佐藤　松竹さんは「除名の撤回」を求めていますが、そもそも共産党にとって「除名」処分まで下す必要があったのかはよく分からない。党の対応としては、松竹さんの本を無視するか、かつての「田口富久治・不破哲三論争」の時のように、正面から批判すればいいからです。

松竹　私もよく分かりません。

佐藤　共産党の対応について、朝日新聞は、「党のあり方を真剣に考えての問題提起を、一方的に断罪するようなやり方は、異論を許さぬ強権体質としか映るまい」（二〇二三年二月八日付）と批判しました。

　すると翌日、志位さんが記者会見でこの社説を取り上げて、「あまりに不見識だ」「規約違反の事実で処分をしたことについて、共産党が異論を排斥する党だと描いているわけだ」「結社の自由を全く無視して、乱暴な攻撃だと、それを大手新聞を名乗る産経新聞が社論として掲げた……、あっ、ごめんなさい、産経新聞、たいへん失礼いたしました、党の自主自立的な運営に対する乱暴な介入であり、干渉であり、攻撃だと私たちは断じざるを得ない」と、朝日と産経を取り違えるほど興奮していました（笑）。

松竹　志位さんをよく知る記者も、「頭がよくて理論派で、いつも穏やかで、怒ったところは見たことがなかったのに」と驚いていました。

　あんな志位さんは私も初めて見ました。知人の記者は「彼女を奪い合ったとか、何か特別な私怨でもあるんじゃないですか？」と。

もちろんそんなことはありませんし、政策委員会にいた頃は、日曜日に子供の預け先がなくて、党本部の志位さんの部屋まで連れていったこともあります。走り回るままにさせてくれましたし、肩車もしてくれました。

佐藤　志位さんが激高したのは、松竹さんの提言が「党内に派閥・分派はつくらない」「党の内部問題は、党内で解決する」という共産党の組織原理である「民主集中制」を揺るがしかねないからではないですか。

松竹　問題になったのは、党歴六〇年の大先輩である鈴木元さんが、『志位和夫委員長への手紙』（かもがわ出版）を私の本と同時に出したことです。春に出す予定だったのを、「同時に出せば話題になる」と私が口説いたことが、「分派活動」にあたると判断されたようです。

佐藤　「分派活動の禁止」は極めて厳格ですね。

松竹　誰であれ、他の支部や他の地区の党員と日常的に連絡を取り合うことは許されていません。

佐藤　松竹さんが体験された〝冷蔵庫事件〟は衝撃的です（笑）。

松竹　火事を起こしたら困るという理由で党本部では冷蔵庫を置くことが禁止されていた

はずなのに、別の部局に冷蔵庫があることがわかり、幹部に「私の部局にも置かせてほしい」と頼んだところ、「他部局と連絡を取っているのか。分派に繋がる行為だ！」と批判されました。

戦前は、党員が特高警察の拷問に耐えかねて仲間の名前を喋ることで芋づる式に検挙され、一九五〇年代には、路線対立で党が分裂しました。党が分派活動を警戒するのには、こうした歴史的な経緯もあります。

佐藤　共産党から除名された知人に、米原万里さんがいます。彼女の父・米原昶《いたる》さんは共産党の衆議院議員だったにもかかわらず、彼女は、規律違反で処分された東大院生の伊里一智に関わったとして査問を受けた。伊里氏の処分を先導したのは志位さんです。二〇〇二年に私が逮捕される前日、米原さんから「いつまで外務省に忠誠を誓うの？　組織が人を切る時は本当に残酷なものよ」と電話をもらいました。

松竹　私が民青の大会の通訳団に入った時、米原さんもいました。民青の幹部が非合理的な方針を出すので、私が「おかしい」と訂正したら、「貴方は見どころあるわね」と褒められました。「ところで結婚しているの？」とも言われたので、慌てて「結婚しています」と（笑）。

佐藤　二〇〇六年に党本部を退職されたのは、志位さんとの意見の相違が原因ですね。

日米安保と自衛隊をめぐって

松竹　意見の相違が表面化したのは、二〇〇五年春、私が党の月刊誌『議会と自治体』に「九条改憲反対を全国民的規模でたたかうために」という論文を寄稿した時です。改憲問題が日本政治の焦点となってきた局面で、国民世論は「九条も大切だが、自衛隊もリスペクトしている」と分析し、「今後、共産党は九条支持派と自衛隊擁護派を繋いで、護憲の多数派を作る重要な役割を果たせるのではないか」と主張しました。

佐藤　しかしこの論文に、志位さんから物言いがついた。

松竹　「侵略されたら自衛隊で防衛する」という党の立場は、「安保条約が廃棄されて以降の方針で、それ以前にも自衛隊を使うという考えは間違いだ」というものでした。そこで、雑誌の次号に自己批判文書を載せるように求められたのです。

　しかし私は、「自衛のためでなく自衛隊を使うのは間違いだが、侵略された場合は、安保条約の有無に関係なく自衛隊を使うのが当然だ」という主張は変えずに、「自衛隊が違憲だと論文中に書いていないこと」についてのみ自己批判する文章を雑誌に載せて、党本部を退職しました。

安保条約下でも自衛隊を活用

佐藤　しかしその後、志位さん自身が立場を大きく変えています。
二〇一五年、新安保法制の成立直後、共産党は、新安保法制廃止をめざし、「国民連合政府」の樹立を呼びかけ、そこで「野党による連合政権ができた場合、安保条約廃棄にこだわらない」としました。
さらに会見で、「自衛隊を活用することは当然」と発言しています。

松竹　「安保条約が廃棄される以前にも自衛隊を使うという考えは間違いだ」と私に自己批判を求めた立場とは一八〇度変わっています。ある知人からは「共産党を辞める必要はなかったのでは」と言われました。

佐藤　志位さんの立場は、かなり揺れているわけですね。

松竹　志位さんは、二〇〇〇年の党大会で、不破哲三さんの後任として党委員長となりますが、この大会で「（自衛隊の存在を憲法違反とした上での）自衛隊活用の方針」を決めたのは不破さんです。田原総一朗さんの『サンデープロジェクト』での発言がきっかけでした。

この不破さんの方針に志位さんとしては、どこか納得できないものがあったのでしょう。だから、二〇〇五年の私の論文を断固否定した。

佐藤　でも、一〇年後にはそれを自分で翻した。結局、松竹さんを除名したのは、志位さん自身が悩みながら揺れ動いてきた歴史を直視したくないからですね。

松竹　先日、田原さんは、「志位さんは本音では、自衛隊も安保も認めないと政策としては成り立たないと考えている。しかし、それを言ったら共産党が崩壊するから言えないんだ」と言っていました。本来、志位さんは、私を除名せずに、私と一緒に進むしかないのに、徹底的に議論する覚悟がなかったのでしょう。

佐藤　志位さんは、心のなかでは、松竹さんを除名したくない、しかし組織のトップとしては、切らざるを得ない。すると、松竹さんの「不品行」を理由に除名するのが最も簡単ですが、文字通り「品行方正」な松竹さんですから、党の方も困ったことでしょう（笑）。

松竹さんは、この（二〇二四年）一月に四年ぶりに開催される党大会での除名処分の撤回を求め、再審査請求をなさっていますね。

再審査請求を議題にするのか

松竹　再審査規定は規約に存在していますが、過去には一度も例がない。実際に党大会で議題にかけられるのかさえ分からない状況です。

ただ、党大会を控え、知らない党員からも連絡が来ます。「党大会で松竹さんが復党しなかったら、離党するということを表明して代議員に立候補した」という方もいました。

佐藤　党本部は対応に苦慮していることでしょう。

松竹　全会一致で否決したいので、代議員の名簿に私の支持者が一人も入らぬように画策しているようです。また、「党大会に一二〇〇字までなら意見を出してよい」という規定があるのに、今回は「党大会決議案に対する感想・意見・提案をお寄せください」と書かれています。

佐藤　大会決議案には、松竹さんの除名については書かれていないから、意見は出せないわけですね。

ところでこれまでにも除名された党員はいたのに、「再審査」が請求されなかったのはなぜでしょうか。

松竹　そこは不思議ですね。ただ私の場合は、とにかく党に戻りたい。「除名」処分を受けても、「そんな党だから愛想をつかす」という気にはとてもなれないんです。私はいまも共産党に希望をもっています。

佐藤　松竹さんにとって、共産党の理念や理想は、単なる「政策」や「イデオロギー」というより、「人生を懸けた信念」としてあるからですね。とても立派な生き方です。

他党と違って共産党員には「党」に特別な思いがある。宮崎学さんも「党に対する特別な思いは、離れてもある。だから自分が宮本顕治の悪口を言うのはいいけれど、他人に言われたらカチンとくる。自分はまだまだ中身は共産党員なんだなと思う」と話していました。

松竹　私が最初に体験した共産党では、自由な議論が許されていました。ある学者からは「松竹さんのお陰で共産党が自由に見えていい」と言ってもらいましたが、そんな「異論を許す共産党」を復活させたい。

佐藤　私は、共産党に最も批判的な論客の一人です。でも、どこかの党首のように、「共産党はなくなったらいい」とは絶対に思いません。国の政党助成金に頼らず、独自の調査能力も備え、国家と一体化しない政党が、日本の政治に〝緊張感〟を与えていることは極めて重要です。

松竹　共産党へのエールをありがとうございます。

（『文藝春秋』二〇二四年二月号）

第五章　対談「成熟した政権交代の基軸政党となるために」×内田　樹

松竹　みなさんこんにちは。今日は内田樹さんのお家にお邪魔をしております。
ご存知の方もおられるかと思いますけれども、私は共産党から除名されたことを受けて、除名を撤回してほしいということで、今週、（二〇二四年）三月七日に東京地方裁判所に訴えを起こすことになりました。
その裁判を支えようという方々で「松竹伸幸応援隊」を作って頂いたんですけれども、その顧問を引き受けて下さっているのが内田樹さんです。どうも本当にありがとうございます。

内田　お安い御用です。顧問ぐらいは（笑）。

松竹　それで今日は内田さんのお家にお邪魔して、私の裁判の問題について語っていただこうと思います。私の除名のきっかけになった本の帯に推薦文をいただいたことで、内田さんにもいろいろと波風が……。

内田　いや、僕は全然。何の波風も来ていません。

松竹　あ、そうですか（笑）。でも、おそらくこの一年間、共産党について感じることもおありになったかと思うので、率直なご意見なりを伺いたいと思ってやって参りました。よろしくお願いいたします。

内田　もう、話し始めていいですか？

松竹　はい、どうぞ。

党勢回復のための問題提起として

内田　あの本、『シン・日本共産党宣言』の帯を書いた時、あれは去年の——

松竹　去年の一月ですね。

内田　もう一年以上前なんだ。そんな前のことだったんですね。そうか、統一地方選挙が四月にあって、その前だったんですよね。思い出しました。

　同時期に『希望の共産党』（あけび書房）というアンソロジーが出まして、僕はそこにも共産党に期待することを書いたんです。共産党はこれから日本の政権交代や政局の変化で基軸になる政党だと思っていましたから、ずっと共産党を支持していました。地元の市議や県議の方の選挙応援をしてきましたし、国政の場合も共産党から出る候補の応援をしてきました。京都市長選挙も前回の二〇二〇年の時は福山和人さんの応援をして街宣もお手伝いしました。今回も松竹さんのご本を読んだ時に、本を書かれた動機が党の未来に対する危機感だということがわかりました。党員が高齢化して、しだいに党員数が減少してきている。得票数も落ちてきている。党勢がじりじり衰退している、と。これから日本の政治状況の中心にあるべき政党の党勢が衰微しているというのは懸念しなければならないことです。だから、どうやって党勢を回復するかということが喫緊の課題になる。松竹さんは忠実なる共産党員として「どうやって共産党の党勢を回復するか」についてあれこれ考えた末に、党代表を公選したらどうかということを提案されたわけです。組織をもっと透明化して、党内で何が起きているのかを見せてゆくことがこれからは大事じゃないかということを松竹さんは言われていて、僕はそれには賛成だったんです。

　本が出たのは、ちょうど去年四月の統一地方選挙の前でした。だから、松竹さんはかなり戦略的にこの本の出版時期を選んだのだと思いました。共産党がどういう政党であるべきかということがメディアで話題になるというのは、党勢回復にとってプラス材料になるからです。「単純接触効果」というのがありますけれど、メディアで繰り返し共産党のことが話題になり、テレビの画面に志位さんや小池さんや田村さんや松竹さんが連日出てきて、共産党はどうあるべきか侃々諤々《かんかんがくがく》議論しているところがリアルタイムに報じられるというのは、政治的に有効だと僕は考えたんです。だって、共産党はどうあるべきかという問いを「わがこと」のように考える有権者がそれによって増えるわけですからね。共産党がどういう歴史を経由して今のような政党になったのか、過去にはどのような党内論争があったのか、これまでどのような組織的な問題点を抱えていたのか、いま内部でどういう意見の対立があるのか……。そういうことを可視化するというのは、政党にとって端的に良いことである。僕はそう考えます。共産党の政策や綱領や組織のあり方についての情報に接する機会が増えるということは、党勢回復に必ず資する。僕はそう思って、松竹さんが党組織のあり方に「一石を投じる」ことを良いことだと考えたんです。

　松竹さんが提起されたのは、本質的なことだったと思います。どうやって党の透明性を高めてゆくのか、どうやって党内における議論を公開するのか。公開するというのはいわば共産党の党内議論を「公共の場」に差し出して、この議論を「知的な公共財」として、全国民が共有できるかたちにするということです。共産党の党内議論がどういうクオリティのもので、そこではどのような語彙が用いられていて、どのようなロジックでことの理非が判定されているのかということは「内輪の話」じゃなくて、文化的・歴史的な「公共財」だと僕は思っています。

世界でも例外的な日本共産党が占める位置

内田　だって、そういうものでしょう？　ソ連共産党でも、中国共産党でも、「党内闘争史」がありますけれど、あれは「政治とは何か」を学ぶためにきわめて有用な史料だと思うんです。マルクス主義の歴史はもう一五〇年以上になるわけです。それは世界史に深く刻み込まれています。マルクス主義の歴史を学ぶことは、世界史を理解するために避けて通ることができません。

　僕は「比較共産党史」という学問分野があってよいということを前から申し上げているのです。フランス共産党、イギリス共産党、アメリカ共産党、朝鮮共産党、インドネシア共産党……そういった政党がかつて存在し、しばしば大きな勢力を有し、重大な歴史的役割を果たしたけれども、そのほとんどは歴史の舞台から姿を消していった。これらの党が衰微していったのはなぜか。それに比して日本共産党が生き残っているのはなぜか。これは検討に値する論点だと思います。

各国の共産党が衰退したのにはいろいろな理由がありますけれど、共通しているのは多様性に不寛容だったということだと僕は思います。世界のどこでも、共産党はコミュニズムの「総代理人（sole agent）」たらんとした。マルクス主義の自国内における「独占」を図った。マルクスの解釈についても、前衛党組織がどうあるべきかについても、綱領はどうあるべきかについても、各国の共産党はマルクス主義に関してすべての理非を決定する唯一の権威たらんとした。

でも、そんなことできるはずがないんです。マルクスを読む人はどの国にもいるし、テクストの解釈が共産党の公式解釈と違う人もいる、前衛党がどうあるべきかについても異論のある人がいる。「共産党ではなく、私たちこそ真のマルクス主義者だ」と言い出す人たちだっている。それが当然だと思うんです。

日本共産党はそういう多様なマルクス解釈やマルクス主義運動組織の群れの中に身を置いて、その中で自分が生き残るための「ニッチ」を見出すことに成功した例外的な政党だった。僕はそう評価しています。「総代理人」たらんとしたけれど、日本ではそれができなかった。たぶん日本は他の国に比べて、マルクスを読む人の数が圧倒的に多かったからだと思います。さまざまなタイプのマルクス主義者がいた。だから、党が提示する公式解釈が他の解釈を黙らせることはできなかったし、「前衛党にすべての権力を」というレーニン主義的な組織論も通じなかった。でも、その「うまくゆかなかった」歴史的経験がむしろ日本共産党の政治的成熟をもたらした。僕はそう理解しているんです。

今、世界を見まわしても、国会や地方議会で議席を持っている共産党はほとんど存在しません。かつてフランス共産党は第四共和政の最初の選挙で第一党でしたけれど、今は存亡の危機に立たされています。イギリス共産党はジョージ・オーウェルが『１９８４』でそのスターリン主義的傾向を恐怖したほどの勢いがありましたけれど、久しく国会に議席を有していません。アメリカ共産党は一九三〇年代にはリベラル派の知識人たちの結集軸でしたが、独ソ不可侵条約の時にスターリンに追随したせいで党勢が衰微して、今は見る影もありません。インドネシア共産党は一九二〇年結党ですから、アジアでは中国共産党（一九二一年結党）、日本共産党（一九二二年結党）と並ぶ老舗でした。戦後はスカルノ政権の与党として権勢をふるいましたが、一九六五年の「9月30日事件」で党員が虐殺され、壊滅しました。朝鮮共産党は日本の支配下にあった一九二〇年代に結党され、独立闘争を続けましたが、戦後は北の朝鮮労働党に統合され、今は金一族が支配する独裁政になっています。ロシア共産党、中国共産党の現状については説明の要はないと思います。

こうやって世界の代表的な共産党の「末路」を見ると、日本共産党が日本社会にしっかり「土着」したのが例外的な事例だということがわかるはずです。だとすれば、どうして日本共産党だけが例外的に一〇〇年の歴史を生き延びることができ、今も国会や地方議会に多くの議席を有し、大きな政治的勢力であり続けることができたのか、これは重要な問いだと思います。

僕の個人的意見は、先ほど述べたように、日本共産党が生き延びられたのは、日本には国内にあまりに多くのマルクス主義者がいたせいで、共産党ひとりが「マルクス主義の総代理人」ではあり得なかったという党の「弱さ」ゆえだというものです。日本社会のふつうの市民を組織して、日本社会の内部に根を張るしかなかった。そこのところを日本共産党の方たちには分かってほしいんです。あなた方がここまで生き延びてこられたのは、民主集中制で組織防衛をしてきたせいじゃない。日本社会の中に生き延びられる「ニッチ」を探したから生き延びられたんです。

例えば、六全協[1]以来の党内議論はいくつかのすぐれた文学作品の素材になっています。高橋和巳の『憂鬱なる党派』とか柴田翔の『されど　われらが日々――』とか、日本共産党の方針をめぐる若者たちの苦悩や対話がそのまま文学作品になっている。こんなことは他の政党ではないんですよ。党の方針が変わったので苦悩する自民党員を描いた文学作品なんてないでしょう？　共産党の党内論争だけが文学作品になっている。文学になったということは、「共産党はどういう政党であるべきか」という問いをめぐるさまざまな言説はすでに公共財だということなんです。逆説的なことですけれど、共産党の党内の路線の変更や、それにともなう党員たちの混乱が日本の文学に豊かな素材を提供しているんです。もし共産党が、組織マネジメントがしっかりしていてトップの命令に全党員が整然と従う政党だったら、そんな政党は文化的な位置を占めることができなかったでしょう。日本共産党とどうかかわるかということは中野重治『村の家』や堀田善衞の『若き日の詩人たちの肖像』以来、日本の知識人たちの共通の問題であり、それゆえ文学にとって一種の「源泉」であったわけです。若者たちが共産党にどんな期待を抱き、どう傷ついて、どう脱落して、どう転向していったのか……というプロセスそのものが日本の「近代」を鮮やかに描き出すことになった。日本文学史における日本共産党の地位は、他の政党とは比較にならない。

　僕はそういう文学史的な文脈の中で松竹さんの仕事も見たわけです。松竹さんは『憂鬱なる党派』とか『されど　われらが日々――』とか『若き日の詩人たちの肖像』に出て来るような人だと僕には思えたのです。こういう人が出て来て共産党はどうあるべきかという問題が公共的な議論になってゆくことで、日本の政治文化は成熟するのだし、日本の文化全体も広がりと深みを増すことになるだろうと思った。だから、松竹さんの活動を応援しようと思ったのです。

　共産党のあり方が公共的な議論の論題になって、かなうことならすべての国民が日本共産党はどうあるべきかを「わがこと」として考える。僕はそういう展開をぼんやりと期待していて、「おお、これだ！」と思ったんですよね（笑）。

松竹　そうですね（笑）。今の内田さんのお話と関係してくるんですけれども、二、三カ月前にロシア専門家の佐藤優さんと対談しました。対談のお申し出を向こうから頂いたんですが、びっくりしたのは、佐藤さんにとっての日本共産党というのはもう「暗い」「怖い」存在であるのに、私の『シン・日本共産党宣言』を読んで「松竹さんはすごく明るい共産党というイメージをずっと抱き続けてきたんだなと思い、自分はそんな体験をしたこ

（1）日本共産党が一九五五年七月に開催した第六回全国協議会。従来の武装闘争方針を「極左軍事冒険主義」と自己批判して放棄、平和革命路線への転換を決議した。その後、武装革命を信奉する急進的な学生党員などが指導部への不信を募らせ、のちの共産主義者同盟（ブント）を結成するなど、以降の新左翼や過激派誕生の契機となった会議とされる。

とがないから一度、話し合ってみたい」と仰ったんです。

たしかに、私も大学の時に共産党に入り、まずは民青に入ったわけですけど、民青の班会議では選挙の前に各政党の政策を勉強しようというので、私は自民党の担当になって（笑）、みんなが分担して政策を調べて論じ合うみたいなことをやった。てっきり共産党の政策を「正しい、正しい」とみんなで読み合うのかなと思っていたら、全然そんなことはない。

内田 ディベートで松竹さんが自民党の政策がいかに正しいか論じたんですか？ 面白いですね。

松竹 そうなんです、すごく楽しい経験でした。私がそのあと全学連の役員をやっていた時も、党員の私を指導していた共産党中央の人がいて、その方の話も「眼から鱗」の体験でした。決まった方針をいざ実践してみて上手くいかないことってたくさんあるわけですけれども、私がそれまで抱いていた党の指導者のイメージは、「それでもやっぱり党の方針が正しいんだから実践しろ」みたいなものだった。ところがその中央の人は「上手くいかないのは方針が間違ってるからだよ」と言って、一度出した方針を別のものに変えていく。

「ああ、そうなんだ」と思って、だから私はずっと共産党ってそういうものだと思って若い時期を過ごしてきました。そのあと共産党本部で仕事をするようになってからも、これは『シン・日本共産党宣言』の冒頭部分にも書きましたけれど、要するに共産党の中央委員会のなかではいろいろな問題で見解がじつは対立しているんです。だから、議論を通じてそれが収斂《しゅうれん》していく過程を書いたんですよね。

例えば「日銀の独立性」を謳って一九九七年に日本銀行法が改正されたとき、私は国会議員の秘書をしていたのですが、当時の国会議員はみんな、「日銀の独立性」は当然必要だと思っていて、それを担保する法案だから賛成だと議員団で決めていたのです。ところが、衆議院の本会議で不破哲三さん（当時委員長）がその場で初めて法案を見て、「いや、これは政府からは独立するけれども、独占資本からは独立しない法案だ」と判断した。そして、共産党が唱えてきた「日銀の独立性」というのは独占資本からの独立であって、共産党が政権をとれば日銀にちゃんと役割を果たさせることが必要だから、政府からの独立という考え方は間違っていると言って自分は退席しちゃったんですよね（笑）。

内田　党議拘束に違反したんだ（笑）。

松竹　そうそう（笑）。けれどもその局面では、なぜ不破さんが退席したのか分からないし、議員団は予定通り賛成投票をしたのです。そしてその後、議員団のなかでは「党首が決定に違反した。これは民主集中制違反だ」と大問題になりました。でも、その後の議論を経て参議院では反対することになります。他党だってそんなことはしないのですが、「一枚岩」と見られる共産党が衆議院と参議院で態度が違うということで、当時話題にもなったのです。

内田　面白い話ですね。

松竹　でもそういうことって全然国民のみなさんは知らないじゃないですか？　共産党のなかでそんなに見解が対立して、議論があって侃々《かんかん》諤々《がくがく》やっているって。でも、やっぱりそういうことを知ってもらうほうが本当に共産党への支持は高まるし、それを知ってもらう一番大事なツールとして党首公選みたいなものがあるのが共産党にとって大事だと。それが『シン・日本共産党宣言』を書いた動機でした。

　私もそれなりのハレーションはあるかなと思っていたけれども、そういう方向に動いていってほしいなと思って本を出したし、今でもそう思っているんです。でも残念ながら、除名されることになっちゃったということですね。

最高裁判例の要件としての〝弁明する権利〟

内田　このあと、どういう風になるんですか？　裁判では、「結社の自由」と個人の「表現の自由」がぶつかるわけですけれども、これまでの判例によると、どうもこういう場合には「結社の自由」のほうが優先しそうです。だから多分、最高裁まで行っても松竹さんが負けそうな感じなんだけど。

松竹　そうですね（笑）。その最高裁判決が一九八八年に確定していて、これは袴田里見さんという共産党の副委員長を、あれは共産党側が訴えた裁判なんですね。要するに袴田さんは除名されたのに……。

内田　（党が所有する）家から出て行かないっていうのが、ありましたね（笑）。

松竹　だから出て行けっていう裁判で（笑）。それでいろんなことが議論になって、やっぱり「結社の自由」は大事なので、政党の規約がちゃんと適正に運用されて処分が決まったということだったら、もう裁判所はそこには介入できませんよ、と。

内田　そうですね。

松竹　とりわけ政党の場合は「結社の自由」という憲法で保障された権利もあるしということで。だからその後も、ついこの一五年ぐらいの間にも民主党の議員とか自民党の議員が除名されて裁判を起こしたことが——

内田　あるんですか？

松竹　あるんです。それも全部、袴田除名事件の判例をそのまま持ってきて、政党側の勝訴となりました。規約が適正に運用されている限り、裁判所の審査権は及ばないと。だから除名というのは共産党だけじゃなくやられていて、裁判になってもそういう結果になっているのです。

それで袴田さんの除名をめぐっては、確かに規約はわりと厳正に運用されているのです。最近、この事件の東京高裁判決文を見たのですが、例えば袴田さんが除名を宣告される共産党の統制委員会の会議が開かれています。党員はその種の会議に参加して弁明する権利があると規約に書いてあるんです。だから共産党の側はちゃんと袴田さんに対して、そういう会議があって、あなたの意見表明がそこでできますよと伝えた。ところが袴田さんはそれに出なかったんです。

内田　う〜ん。

松竹　だから裁判所でも袴田さんは「自分は出られなかった」と主張したんだけれども、共産党はいろいろと証拠を挙げてちゃんと出頭せよと告知したということを言って、裁判所は〝あっ、これは共産党の言う通り、ちゃんと規約は適正に運用されているよね〟ということになったんです。

でも、私の場合は、そういう権利があることは全然告げられなかったんですよ。理由は分からないんだけど。

内田　公式な機関での弁明のチャンスが与えられなかった？

松竹　そうなんです。それ以外にもいろいろあります。例えば私の処分は本当は、私が所属している支部で決めないとダメなんです。けれども、支部は処分の権限を取り上げられて、地区委員会が直接に処分した。規約上、党支部が崩壊しているみたいな「特別な事情」があれば地区委員会がやって良いという解釈だったのですが、私が所属していた支部は健全に運営されていたにもかかわらず、そこではやらせずに地区委員会がやった。

最高裁判決は、規約が適正に運用されていれば政党の側の判断を尊重する、裁判所の審査権は及ばないというものです。そこを考えると、私の場合では規約上、いろんな瑕疵があったと思っています。

内田　地区委員会に呼び出して当事者から弁明を聞くということは、規約にはないんですか？

松竹　いや、規約に書いてあるんです。規約に書いてあるのだから、私が呼ばれなかったのはおかしいだろうというのが私の主張です。私のあとに除名された鈴木元《はじめ》さん(2)も、何月何日に弁明の機会があるから出て来なさいと言われて、出て行って、ちゃんと意見表明が出来たのです。袴田さんも同じで、規約がちゃんと適用されたと判断されたので、除名が裁判で確定した。

内田　松竹さんはお呼びが掛からなかったんだ。

松竹　そうですね（笑）。「二月五日にあなたの除名処分を決める会議をします」とは言われたんです。でもその会議を何時に、どこでやるかは知らされなかった。処分されたあと、おかしいじゃないか、私にはそれに出る権利があるという通知がなかったじゃないかと意見を出したんです。でも党の側の返事は、「いや、ちゃんと五日に除名されることは伝えたのに、あなたはその会議に出たいと表明しなかった」と。

内田　なんと……。それはちょっと、よろしくないですね。そういう繁文縟礼《はんぶんじょくれい》主義は。ちゃんとそういう権利があるんだったら、いつだっていいから行使させて下さいと。

松竹　そうそう。だから例えば警察権の行使をめぐっても、黙秘権があるのに告げなかったことが問題になりますが、共産党はもともと、そういう権利は憲法上の権利なのだから、ちゃんと告げなければならないという立場なのですが。

内田　それに、別に除名されたせいで松竹さんが精神的苦痛を受けたとか、共産党員でなくなったことでそれまで享受していたさまざまな権益を失ったから、その分の賠償金を払えとか、そういう話じゃない訳でしょう。ただ「党員に戻してください」っていうだけのことでしょう。

松竹　そうなんですよね。だから私の友達も「共産党を相手にして裁判をするのだから、もう決定的に対立するよね」と言うのですが、私は、いや対立したいのではなく、戻りたいと言ってるだけで（苦笑）。

内田　本人が「戻りたい」って言っているんだから、ねえ（笑）。戻してあげてくださいよ。松竹さんが党内にいることがそんなに迷惑なのかなぁ。松竹さんが党員身分を回復すると、党が何か致命的なダメージを受けるっていうことでもないでしょう。いいじゃないですか、党内に変わった人が一人くらいいたって。

（2）日本共産党京都府委員会常任委員などを経て、京都府最大規模の日本共産党の後援会会長を務めていたが、二〇二三年一月に出版した『志位和夫委員長への手紙』のなかで、志位委員長（当時）の辞任や党首公選制の導入を主張したことなどが重大な規律違反と認定され除名された。かもがわ出版顧問。

　松竹さんには党に戻ってもらって、その中でオープンな議論をどんどん展開していって、全部は無理でしょうけれど、出来るだけ党内議論の中身を一般に公開していくようにしてほしいんですよ。それが共産党の党勢回復にプラスになると思うんですけどね、党首公選も含めて。

松竹　いやぁ、そうなんですよね。だから安保・自衛隊問題でもなかなか複雑な難しい問題があって、志位さんも苦労しているし、私も苦労しているし……。

内田　ご苦労は存じております。

松竹　（笑）それぞれ苦労しているので、本当に一緒に議論して、良いものを作り上げていって、と思うんですけれども。

「困った顔」ができる成熟した政党へ

内田　僕は日本共産党に対してですね、政党としてもっと成熟してほしいということをつねづね申し上げているんです。成熟するというのは、「困ることができる」「悩むことができる」ことだと思うんです。問題が解決できずに当惑している姿をそのまま見せることができる、というのが成熟の証だと僕は思うんです。どうしていつも平然と「正解を私はすべて知っている。これまで政策判断を間違えたことは一度もない」というような無謬性《むびゅうせい》のポーズをとりたがるのか。言葉は悪いけれど、無謬性に固執するのは「子供」なんです。

志位さんだって、小池さんだって、どうしていいか分からないときには困った顔をすればいい。「正解が分かりません」と正直に言えばいい。だって、今の世界ってもう複雑怪奇なことばかりで、単純な善悪二元論では説明がつかない。ある政治的課題について、その正否が誰の眼にも一目瞭然という世界じゃないんですから、「どう対処して良いか分からない」ということがあって当たり前なんですよ。そういう時は素直に「困った」「ちょっと待ってください」って言えばいい。すべての問題について正解を知っている政党、あるいは有権者にそう思わせることのできる政党が「強い政党」だと考えるのは間違いです。人間はそんなに単純じゃない。困った時にははっきりと「困った」って言えて、答えを知らない時には素直に「答えを知りません」と言える政党のほうが、政治的にはずっと成熟している。そして、未熟な政党よりも成熟した政党のほうが、最終的には問題を解決できる可能性が高い。

この間「Arc Times」というＹｏｕＴｕｂｅの動画を収録した時にジャーナリストの尾形聡彦さんと盛り上がった話なんですけれど、ハリウッド映画ではとにかく「困った顔」

がチャーミングな俳優がスターになるんです（笑）。古くはクラーク・ゲーブル、ケーリー・グラント、ハンフリー・ボガート、ジョン・ウェインと系譜があって、近年では「困った顔」で大スターになったのはクリント・イーストウッドとハリソン・フォードですね。もう少し年下だとイーサン・ホーク、エドワード・ノートン、そしてライアン・ゴズリング。

ハリソン・フォードが『スター・ウォーズ』で流行らせた決めのフレーズは「悪い予感がするぜ（I have a bad feeling about this）」ですけれど、そう呟きながらハン・ソロは「困った顔」で危地に飛び込んでゆくんです。この台詞がよほど気に入ったらしく、ハリソン・フォードは『インディ・ジョーンズ』でも口にしています。その困った顔のままトラブルの渦中に身を投じる。正解を知らず、どうしていいか分からないまま危機的状況に「ええい、ままよ！」と飛び込む時の「困り顔」のアップがとってもチャーミングっていうのが、アメリカではスターになれる大きな条件なんですよ。まあ、どんな危険な状況でも、まったく困った顔をしない人もいますけれどね。トム・クルーズとか、アーノルド・シュワルツェネッガーとか、キアヌ・リーブスとか。でも、そういう人は今ひとつ人間的な深みというか、味が薄い感じがしますよね。

ハリウッドスターと政治家を同列に論じるのはどうかと思うけれども（笑）、「困った顔がチャーミング」っていうのは、業種を超えて「強い」と思うんです。例えば自民党の強さって「平気で困れる」という点にあるような気がするんです。もう政策だって、やることと支離滅裂で、さっぱり筋が通っていないけれども、あきらかに自分たちが失敗している場合でも、「困っちゃったなぁ」っていう顔をしながら必死になって失敗を糊塗しようとしている。あれが出来るのは「足腰が強い」からなんです。あれだけろくでもないことをやりながら、なお政権政党でいられる最大の理由は、「自民党内でどのような議論が行われ、誰が何を考えていて、どういう策略を立てて、どんなことが起きているか」がほとんど全部可視化されているからだと僕は思うんです。自民党は「悪いところ」がほぼ剝《む》き出しにメディアやＳＮＳで開示されている。こういう場合に使う言葉じゃないような気がしますけれど、「透明性が担保されている」わけですよ。ろくでもない政党であるけれども、その「ろくでもなさ」の中身が透けて見える。だから、自民党の支持者たちは安心していられる。メディアがいくら自民党の政治家の醜聞を伝えても、支持者は「そんなこと先刻承知しているよ」だと思うんですよ。「ろくでもない政治家」だと知った上で応援し、その結果自分はそこそこ受益している。だから支持し続ける。そういうロジックだと思うんです。

だけど共産党の場合は違う。裏金であれ、不倫であれ、議員の醜聞がリークされた場合のダメージは自民党の比ではない。だって、清潔な党であることが党の存在根拠の一つだから。非論理的なことも決して口にできない。論理的であることが党の存在根拠の一つだから。もちろん、倫理的で論理的な人が政治家になってくれるのは国民としてはたいへんうれしいことなんですけれど、その〝しばり〟があるせいで、共産党のふるまいが不自由になっているということはあると思うんです。たまには醜聞があっても、没論理的なことを口走っても、僕は構わないと思っているんです、そういう時に「困った顔」ができるのであれば。「困った顔」ができない人は、「そんな事実は存在しない」とか「いや、あの言明には根拠がある」とかいろいろ弥《び》縫策《ほうさく》を講じて、結果的に墓穴を掘ってしまう。それより間違ったと思ったら「すみません」とか、「今回は申し開きができません」とか言ってしまえばいいと思うんです。

「人間は葛藤を通じて成熟する」と言いますが、政党もそうなのです。政党もまた葛藤を通じて成熟する。いろいろなタイプの党員がいて、活発な党内議論があり、それが広く開示されている。それが政党の政治的成熟にとって大事なことだと思うんです。何よりも、

「困った時には困った顔ができる政党」のほうが僕たちは支持しやすい。つねに正しい政党よりも。別に有権者はあらゆる政治的イシューについて、つねに正解を述べる政党を求めているわけじゃないんです。そうではなくて、自分たちと同じように戸惑い、立ち止まり、葛藤し、悩む政党のほうが身近に感じる。そういう政党になら自分を代表してもらえると感じる。そういう機微を、日本共産党の上のほうの方々にはご理解頂きたいんですけどね。

松竹　いやいや、私はそういう要素は生まれつつあったというか、あったと思うんですよね。たしかに昔は——やっぱり宮本顕治の時代は「困らない」というか（笑）、困らないことが必要な政治の情勢もあったとは思うのですが。

内田　そう、「困らない」（笑）。何の間違いもない、無謬性っていうことが政治的な強みだと信じられていた（笑）。

松竹　でも今の状況を見ていて、この間、今度委員長になった田村さんが総選挙に負けた時に、やっぱり共産党が「政権を目指す」と言った途端、国民が引いていったみたいなツイートをして、それが翌日に消されたということがあった[3]。

内田　自己批判させられて。

松竹　そうそう（笑）。で、ウクライナへの防弾チョッキも、まぁそれぐらい良いと言いながら翌日訂正した[4]とか。

内田　翌日すぐに撤回しちゃいけないと思うんですよね。もうちょっと議論して、議論の過程を公開していくことが、国民に対する豊かな政治的な贈り物になると思うんですよね。

松竹　うん、だから田村さんがそういう発言をしたように、やっぱり党内の一番上の所でもいろんな意見の違いがあって、田村さんなんかはまだ党の中央に染まっていなかったからかもしれないけれども、そういうのは普通に言うべきだって思った訳でしょう、少なくともその時はね。だからそういう流れが普通になっていくことが大事でしょう。

　だからこそ田村さんのあのツイートや発言がすごく共感を呼んだわけですからね。

内田　そうですよね。今度の松竹さんの問題でも、田村さんが代表になった後に教条主義的な発言をしたせいで、せっかく盛り上がりかけた人気が一気に下がったような気がするんです。別に、松竹さんを庇《かば》う必要はないんです。ただ、もう少し困った顔をしても良かったと思うんです。壇上で少し絶句してね、「立場上は松竹さんの処分は正しかったと申し上げなければならないのですが、個人的には色々と思うところはある」ぐらいのことを言ったら、「ええ人や、この人は！」ってなるじゃないですか（笑）。

松竹　そうですね（笑）。

「自己批判」の対極にある「小異を捨てる」覚悟

内田　アメリカの国務長官でブリンケンっているじゃないですか。あの人、すぐに困った顔するんですよ（笑）。困った顔がデフォルトなんです。ガザの問題でも、当然アメリカの公式の立場を語るわけですけれども、深刻そうに俯《うつむ》いて、眉根に深く皺を寄せて、「アメリカはイスラエルを支持するが、一日も早く停戦してもらいたい」と矛盾していることを言う。中国に対しても原則的には対立を辞さないと言いながら、なんとか協力できる手立てを探している。大統領がさっぱりリーダーシップを発揮できない中で、アメリカがなんとか面子を保っているのは、ブリンケンさんがいつも困った顔をしているからじゃない

（3）二〇二一年一〇月の衆院選で共産党は立憲、国民、れいわ、社民と二一三選挙区で候補者を一本化、野党共闘で政権交代を訴えたが二議席減と敗北。田村智子政策委員長（当時）はツイッターに「野党としての共産党なら良いけれど、政権に関わったらどうなるの？　という不安は、私たちの想像を超えて広がった」との敗因分析を投稿したが削除した。

（4）また田村氏は二〇二二年三月、政府がウクライナへの自衛隊防弾チョッキの提供を決めた際、「人道支援としてできることは、すべてやるべきだ」（四日）と会見で発言も、翌五日に訂正し、「賛成できない」と真逆の立場を表明した。

かと僕は思うんです。「私の申し上げる建前と内心の本音の間には『ズレ』がありますよ」と表情で伝えている。同時に発信してもいる。だから田村さんもブリンケンみたいに困れば良かったと思うんです。「その問題については、熟慮を要することだと思いますので、即答はしかねます」くらい言ったって良かったと思うんですけど、どう思います?

松竹　いやぁ、それは……私も中央委員会で仕事をしていた身で、本当にそういうことをやろうとすると、私の場合も「自己批判」を求められたこともあったので、簡単なことではないと思います。

でも、私も自己批判させられた時はそんなに自覚していなかったけれど、今度除名されてみて古い規約と今の規約と並べて見て分かったのは、古い規約には自己批判の重要性というのが二箇所ぐらい出て来るんですよ。でも今の規約は自己批判という言葉自体がなくなっちゃってるんです。

内田　なくなっているんですか?　それはどうしてなんでしょう。

松竹　いやぁ、そういう点では不破さんもよくよく考えながら、規約を改定する際に消したのだと思っています。

内田　自己批判っていうのはね、あれは良くないですよ、本当に。「自己批判」という文字列を目にすると、モスクワ裁判とか、革命家たちが「私は党を裏切りました」と言って処刑されていく暗い歴史を思い出しちゃうじゃないですか。共産党の歴史を遡る限り、「自己批判」って、要するに本当に思っていることを言っていないということですよね。

松竹　いや、そうなんです、自己批判をして見解を変えさせるというのは。じつは共産党の規約では意見が違ったら保留して良いって書いているわけですよ。だから別に保留したままで良いんですよ。無理やり見解を変えさせるために何か指導をしなくて良いんだから、そのままで良いんですよって。

内田　「保留」とか「棚上げ」とか、大事なことなんですよ。「松竹君がこんなこと言ってる。困ったなあ、デリケートな問題だから、ちょっと棚上げしておかない？　もうちょっと時間のある時に、みんなでじっくり議論しよう」でいいじゃないですか。「棚上げ」「先送り」ってすごく大事なことなんですよ。だって、その間にどんどん歴史的環境は変わっていくわけですから。気がついたら、シリアスな組織問題だと思っていたことが案外たいしたことのない技術的な問題に縮減されていたりする。別にすぐに結論を出さなきゃいけないことなんかないんです。大きな問題であればあるほど、結論を急がない方がいい。早く結論を出すことがスマートネスだとか、あるいは政治的な廉直さだと信じているとしたら、それは違う。別に僕たちは何かあるたびに、一瞬のうちに正邪良否の判断ができる政党を求めているわけじゃないんですから。

松竹　いやぁ、そうですね、本当にそう思いますね。本当にそう思うけれども、共産党中央委員会で一〇年仕事をした身からすると、本当にそれが実践できるかというと難しい。

率直に言って、私はそうやって自己批判を求められ、全部ではないけれど部分的に認めて、でもこれではやっていけないなと思って党本部を退職した。あの時期というのは、自分の人生のなかでいちばん精神的には不安定で、ダメになるんじゃないかと思っていた。自分の人生も半分終わりみたいな、すごく苦しい日々でした。

だからやっぱりそう簡単なことではないとは思うんですけど、でもそこを乗り越えないと、共産党はいつまで経っても何か怖くて近づき難い、国民からは相当遠い遠い存在のままになってしまう。

内田　今、政党支持率って、共産党は何パーセントぐらいですか?

松竹　（調査によって）いろいろですね。大体二％から、三、四、五％。一時期、毎日新聞で八％というのも出たことがありますけど。全体としてはしかし、更に減りつつある傾向ではあると思いますね。

内田　本当は今回だって田村さんに代わったわけだから、これで本当だったらボーナスがついて五ポイントくらい上がってても良いはずなんですけどもね。そんなに上がっていないですか？

松竹　上がってないですね。「赤旗」も党大会後二カ月連続して五〇〇〇部とか減っています。今のやり方が正しいんだっていうことで毎日毎日、発破《はっぱ》をかけている状況だけれども、やっぱり大きな路線の見直しが必要なんじゃないかっていうことは本当に真剣に考えないと。

内田　とくに今の自公連立政権がこの惨状ですからね。ここで政権交代しなくていつするんだと思います。今すぐに政権交代するとなったら、これは野党共闘しかない。野党共闘するためには「小異を捨てて大同に就く」ということで腹を括《くく》らないといけない。「小異を捨てる」というのは、すり合わせができない論点については「棚上げ」「先送り」するということです。だって、すべての論点について、それこそ日米安保や自衛隊や天皇制などについて、野党共闘に先立つ包括的な政策合意なんてできるわけない。現に国論が割れているわけですからね。国論が割れるほどの重大な論点についてはじっくり時間をかけて考えるということでいいんです。対立点に関してはそのうち相談しましょう、でいいんですよ。それよりは目の前の自民党の腐り切った政治を終わらせることの方が優先する。自動車事故で失血死しそうな患者を前にした時に、「この人は心臓も悪いし、肝臓も悪いし、血糖値も高いし、尿酸値も高いので、全部同時に治そう」とは言わないでしょう。まず止血するところから始める。そうしないと死んじゃうから。今の日本はその「死にかけた患者」みたいなものだと思うんです。全身病気だらけだけれど、とりあえず喫緊の出血部位は自民党の強権的で腐敗した統治です。これは今すぐに止めないと命にかかわる。心臓や肝臓の手当てをするのは、その後ですよ。まず政権交代をする。そして、第二次安倍政権以来の溜まりに溜まった統治機構の「膿《うみ》」を全部出し切る。それが済んだら、その次に緊急性の高い政策を論点にしてもう一回選挙をする。そうやって、一つ一つ片づけてゆく。一回の政権交代で全部治すのは無理です。三〇年かけて日本がダメになったのだとしたら、再生するためには同じくらい時間をかける覚悟が要ります。

日本共産党はその最初の政権交代では絶対に基軸政党であるべきなんですよ。そして、基軸政党であるためには「包容力」が要る。正しさよりも、大きさが要るんです。政治的な力って、要するに「大きさ」のことなんですよ。どれだけ多くの国民を巻き込むことができるかで力は測られる。

「政治的な正しさ」よりも「政治的な力」の方が優先する状況ってあるんです。今の日本はほんとうに危機的な状況です。国力が坂を転げ落ちるように衰微していって、ほとんどあらゆる指標で日本は先進国の下位になっている。どんどん貧しくなって、後進国化して、先進国の富裕層の「草刈り場」になりつつある。

今こそ、貧困化する日本を救う基軸政党たれ

内田　松竹さんはあまり出歩かないからご存知ないかもしれないけれども、本当に「植民地化」が進行しているんですよね。スキー場なんてもう外国人の方が多い。外国から来た人たちがスキーをしていて、日本人は彼らが快適に休暇を過ごせるようにサービスする「召使い」機能を果たしている。それはもうどこのリゾートでも同じ光景です。円安で遊びに来ている人たちは「日本は物価が安い、治安がいい、接客サービスがよい」と喜んでいるわけですけれども、それって、バブルの頃に日本人がイタリアやスペインやあるいは東南アジアのリゾートで遊んでいた時と似たマインドなんです。物価が感覚的に日本の半分とか、もっと安かったから、「こんなに安くていいの?」と嬉々として散財していた。それと同じことを今、インバウンド・ツーリストがやっているわけです。そこまで日本の

国力が衰微した。スキー場に行ってもそうだし、温泉に行ってもそうです。箱根なんかもう日本人より外国からの観光客の方が多い。

この間、早稲田の近くに住んでいらっしゃる方から聞いたんですけれど、高田馬場の駅前って昔は早稲田のための進学予備校がいっぱいあったじゃないですか。今はそれが日本語学校になってしまったんだそうです。駅前を歩いていると耳に入るのは中国語。日本の大学、大学院に進学するために語学学校に通っているんだそうです。日本の私学、とくに人文系の大学院はもうずいぶん前から中国からの留学生で何とか定員を埋めている。中国からの留学生がいなければ、定員割れが続いて、大学院が維持できなくなっていた。

そうやって日本の様々なセクターが、観光から大学院まで外国人に支えられて、かろうじて成立しているんです。そこまで日本の国力は衰微しているんです。中産階級が没落して貧困層になり、一部の超富裕層に富が偏在している。貧困層に転落しても一代限りなら社会的上昇のチャンスがありますけれど、貧困が二代続くと回復が困難になる。文化資本の不足が回復不能になるからです。たとえ勉強ができても、高等教育に行った時点で音楽や美術については何も知らない、文学や哲学の話題についてゆけないので「仲間に入れてもらえない」ということが起きる。経済格差は必ず教育格差をもたらし、教育格差は文化資本の格差をもたらし、階層が固定化される。そういうものなんです。

中産階級から貧困層に転落した一代目はまだ何とかなるんです。小さいうちに多少文化資本の恩恵に与《あずか》っているから。でも、貧困二代目になると文化的なものとの接触機会が極端に減り、三代目になると文化資本が絶望的なレベルになる。だから、ある意味で時間との勝負なんです。まだ日本人の多数が「先代までは中産階級だった」といううちに貧困からの離脱を果たさなければならない。

英国の話ですけれども、生活保護が三代続くと、家族の中に就労経験のある人が一人もいないということが珍しくなくなるんだそうです。そういう人たちが「アンダークラス」を形成する。この人たちはもう朝起きて夜寝るという生活習慣もないし、決まった時間に食事を摂るとか、出かけるときは見苦しくない服装をするとか、人に会ったら挨拶をするとかいう基礎的な生活習慣さえ身についていない。そこまで落ちると社会的上昇はまず不可能なんです。

日本にはまだ「アンダークラス」は集団的には出現していませんけれども、このまま格差の拡大を放置していると社会のあちこちにさまざまな理由で没落した「アンダークラス」が出現する。もはや手を拱《こまね》いて、「貧困になるのは自己責任」とか言っている時期じゃないんです。決して国民を貧困化させないことを最優先の政治課題にして、医療の無償化、教育の無償化、貧困層シングルの生活支援や就労支援など、できることからすぐに実行していかないと日本には未来がない。とにかく共産党の人に頑張ってほしいんですよ、お願いですから。

松竹　まさに冒頭で内田さんが仰ったように、あの『シン・日本共産党宣言』を私が出して、それなりに反響は大きかったんです。

内田　あれ、党員のなかでも反響が大きかったでしょ。

松竹　大きかったですね。メディアがたくさん取り上げたから「松竹はメディアと権力と結託して」って言われたんだけど（笑）、メディアが注目したのも、共産党が変われば野党が変わる、やっぱり野党の軸になり得るという期待からだったと思います。

内田　共産党が頑張るしかないと思うんです。他の野党がなかなか軸になれないんですから。大きい野党は腰が定まらないし、政策軸がしっかりしている野党は惜しいかな包容力がない。

松竹　そういう期待がすごくあったと思うんですよね。除名問題でちょっと別の方向に行っちゃっていますが、でもそういう政治状況自体は全然変わっていなくて、今からでもやっぱり共産党の立ち位置次第で、野党の共闘があり得る。

内田　軸がブレない政党というと、れいわ新選組と共産党なんですよね。真ん中にいる立憲が連合との関係のせいで、さっぱり腰が定まらないいんですけれど、れいわと共産党がいくつかの論点で政策協定できたら、立憲は乗ってくると思うんですよね。だからね、何とかなりませんかね。もし田村さんと小池さんが僕らのこの番組を見ていたらですね、ひとつ野党共闘を実現して、政権交代していただけませんでしょうか。田村さんが閣僚になってもいいし、閣外協力でもいいから、政策決定の中心に立ってほしいんですよ。お願いします。

松竹　はい。私もそういう共産党を目指しますが、でもとりあえず、内田さんの応援をいただきながら裁判でやろうとしています。

それでさっき最高裁の判例のことを言いましたけれども、要するに「結社の自由」が今の判例のなかでは一番大事な基軸になっていて、「結社の自由」って私もすごく大事だと思うのです。私自身、その結社の一員としてずっとやっていて、共産党の場合は戦前にその「結社の自由」を踏みにじられて弾圧されたという他にない経験もしているわけだから、いささかも私はそれを否定するつもりはないんです。でもやっぱり、それじゃあ個人の人権は全然考慮しないで良いということにはならないので、どこかの均衡点を見つけなければならないということです。だから裁判では憲法学者の方などにその辺の考え方について意見書を出していただいたり、そういうのを六人、七人とやろうとすると――

内田　裁判のほうの応援は、この間すぐに送金いたしました（笑）。

松竹　本当にありがとうございます、もう本当に。

ですので、ぜひこのＹｏｕＴｕｂｅを見ていただいて、カンパのご支援をお願いいたします。

内田　そうですね、みなさんぜひ。裁判闘争って、やっぱりかなりお金がかかります。僕は前に山崎雅弘さんの裁判支援をしたんです。あの時は竹田恒泰という人が原告で、山崎さんは彼を「差別主義的」と論評したせいで名誉毀損で訴えられた。原告がもともと問題の多い人だったので市民の方たちから支援があって、一四〇〇人を超える支援者から一二〇〇万円ほどの寄付を頂きました。裁判費用は総額で三〇〇万円くらいでしたので、たくさん余ってしまって（笑）。残金をどうしようかと山崎さんと相談して、スラップ訴訟（威圧や恫喝、嫌がらせを目的とした法律上認められないことが明らかな提訴による裁判）の被告になって裁判闘争に巻き込まれている人たちの支援に使おうということにしました。残金を原資にして、これまでに伊藤詩織さん、水道橋博士さん、有田芳生さん、紀藤正樹弁護士などの方々の裁判闘争支援をしてきております。今回の松竹さんのはスラップ訴訟の被害者じゃないですよね。

松竹　いえ、まったく違います。

内田　趣旨が違うので、山崎さんの裁判を支援する会のお金を原資としてのご支援は出来ないんですけれども、内田個人としてはこれからもご支援いたします。みなさんもどうぞ、これを見ていらっしゃる方はですね、市民の浄財を、ぜひ裁判闘争のためにご支援いただきたいと思います。

　こういう支援というのは金額の問題じゃないんです。山崎さんの時も一〇〇〇円とか五〇〇〇円とかいう金額を寄付してくださった方たちが何人もいました。五〇〇〇円を振り込むためにわざわざ銀行まで行ってくれたという、その志が僕たちにとっては励みになりました。ですから、一〇〇〇円でも結構です。よろしくお願いします。

松竹　ありがとうございます。

　私も裁判をやって、自分としても納得したいからやるわけですけれど、共産党にとっても、共産党の人たちも良かったねと思えるような結果を生み出したいなと思っています。

内田　そうですよね。この裁判で共産党の面目を潰してやるとか、そういうことは松竹さんは全然考えているわけじゃないんです。僕もそんなことは考えていません。共産党は僕の「敵」じゃないんですから。そうじゃなくて、この裁判にできるだけ多くの市民が注目してほしいということなんですよ。そして、共産党はどうあるべきか、共産党がどういう政党として日本の政治状況の中でその存在感を示してゆくべきなのかを市民ひとりひとりに「わがこと」として考えてほしい。裁判がそういう機会になれば良いなという気がします。

松竹　はい。僕もそのように思います。今日はどうもありがとうございました。

（本対談は、二〇二四年三月三日に「松竹伸幸チャンネル」がＹｏｕＴｕｂｅ配信したオンライン番組をもとに、テキスト化したものです）

●松竹氏が提訴後に作成した名刺（応援隊顧問は内田氏）

共産党員は「党」に特別な思いがあります。通常、党とは「政策」や「イデオロギー」を議論する場に過ぎないと思うのですが、昔ながらの共産党員にとっては「善く生きるための場」でもあります。ある党員からこう励まされました。

「松竹さんの除名で自分も離党しようと最初は思っていましたが、党員のまま松竹さんを支援します。僕も除名されるかもしれませんが、できるだけ早く賛同者を一〇人、二〇人と増やして、『では、一〇人、二〇人も除名するんですか？』という状況をつくります。僕が最も望んでいるのも共産党が変わることなので」

ですから、共産党への期待は持ち続けたいです。（談）

あとがき——法廷での意見陳述を想像しながら

共産党からの除名撤回を訴えて二〇二四年三月七日に提訴したが、東京地裁から第一回目の裁判の期日として指定されたのは、当初、四月二五日だった。一方、この本の原稿は三月末に出版社に渡していたものの、「あとがき」だけは五月の連休明けで良いとされていた。その時点では、四月二五日の法廷での意見陳述をそのまま「あとがき」に持ってくるのが日程的にも合理的だし、私の裁判にかける気持ちを正直にあらわすものとなるので、内容面でも適切だろうと考えていた。

けれども三月末、被告である共産党から、期日変更（延期）の申し出があった。理由は分からない。しかし、共産党の準備不足のために、せっかくの第一回目の裁判が原告の意見陳述だけで終わることになれば、出だしから緊迫感が欠けた展開になってしまう。だから、共産党の申し出は受け入れることにした。

その結果、第一回目の期日として決まったのが六月二〇日である。何と、この本の刊行日と同じ日なのだ。共産党のおかげで本の注目度は上がるかもしれない。けれども、私の意見陳述を「あとがき」に持ってくるという「野望」は、瞬時に潰え去ることとなってしまった。

ただし、裁判を闘うために執筆した本の「あとがき」として、やはり意見陳述の形式は捨てがたい。裁判でどう勝利するかをいつも考えている私には、お酒と革袋の関係の格言を待つまでもなく、この形式で書くことこそが、ふさわしい内容を導いてくれるような気がしてならなかった。以下の文章は、六月二〇日午後二時、東京地裁第四二一号法廷に私が立ち、意見陳述をしている気持ちになって、五月時点で書いたものである。

除名の驚き、悔しさ、哀しみ、怒りを理解してもらえるだろうか

裁判長ならびに裁判官のみなさん。本日は意見陳述の機会を与えていただき、心から感謝します。

昨年二月、共産党から除名されたことは、私の人生を激しく揺さぶるものでした。除名されることが、その人の人生を左右するほどの重さを持つのは、共産党ならではのものだと思います。共産党に入ることは、自分の一生をかけた決断である点で、他の政党に入る

のとは異なるものだからです。

なぜそうなるのでしょうか。他の党の場合、政党への加入は政治への関心から発しているとはいえ、議員になるために党員となり推薦をもらって立候補するケースが多いことに見られるように、党に入ることは個人の利益とも結びついています。また、党ごとに政策や理念の違いはあっても、基本政策では大きな違いがないケースも少なくないので、推薦がもらえない場合は別の党を選ぶこともあります。「絶対にこの党しかない」というこだわりが薄いわけです。

共産党の場合、基本政策も理想とする社会のあり方も、他党とはかなり異なります。ですから、まわりの人からはアウトローと見なされるし、党員であることが知られれば、立身出世の道が断たれることもあります。私の場合も、両親を貧しさから解放したいと考え、将来は商社か銀行に入りやすいことを基準に大学を選びましたが、共産党に入った時点で、その夢は捨てることになりました。ましてや共産党員には、議員や幹部になりたい気持ちなど、まったくありません。一生涯、ヒラの一党員として活動するのが普通です。

それでもなぜ共産党を選ぶのか。それは、共産党が掲げる政策や目標が他党のものとは異なるが故に、永久不変のように見える社会を変える力があるのではないかと考えるからです。自分の人生をかけてその道を進むことが、社会を変えるために不可欠だというだけでなく、自分にとってもかけがえのない喜びだと思えるからです。

そうやって半世紀近く、党員としての人生を歩んできました。党の会議には必ず出席し、毎月の党費と機関紙「赤旗」の代金は欠かすことなく納め、党の前進のために微力ながら尽くしてきたつもりです。その人生の歩みが、昨年、『シン・日本共産党宣言』という本を出版したことを理由にして、わずか二週間で断たれてしまったのです。

その驚き、悔しさ、哀しみ、怒りは共産党員でなければ理解できないことでしょう。けれども、裁判官のみなさんにも心にとめて頂ければありがたいと思います。

綱領と規約を一言も批判していない事実を裁判所に認定してほしい

私が除名された理由は、その『シン・日本共産党宣言』において、党の綱領と規約を「攻撃」したからだとされています。また、他の党員と同時期に本を出したことが、規約が禁じる分派活動に当たるとされました。

私は半世紀近くの党員人生のかなりの期間、綱領の内容にかかわる党本部の部署で仕事をしてきたので、綱領の大切さを誰よりも知っているつもりです。だからこそ、本を刊行するにあたって私が心を砕いたのは、決して綱領や規約を逸脱しないことでした。人生のなかでこの時期ほど綱領と規約を読み返し、学び直したことはありません。本を執筆している期間は、共産党はこんなに豊かな綱領と規約を持っているのだということを、驚きとともに再発見する期間でもありました。ところが、共産党によってこの本は、綱領と規約を攻撃する本にされてしまいました。

しかし、証拠として提出した『シン・日本共産党宣言』を見ていただければ、綱領と規約を批判するような文言は、一つたりとも存在しないことは確認できるはずです。党を攻撃するような文面も、一つとして見当たらないでしょう。

裁判所には、まずその点を事実として認定していただきたいと思います。

共産党の規約は、「党の綱領と規約を認める人は党員となることができる」と定めています。それが党員であることの、もっとも大切な基準です。私には共産党員としての資格があるはずです。

結社の自由と出版の自由の関係をどう捉えるべきか

結社の自由は瞳のように大切なものです。従って、いくら出版の自由があるとしても、綱領と規約を外部から批判し、綱領に反する政治目標をもつ分派を形成するようなものなら、それが処分に値することは一般的には当然でしょう。

また、共産党の綱領・規約の解釈が党内部で対立する場合、裁判所が一から十まで介入できないことも理解できます。裁判所が政党の路線、政策を変える権限を持つようになれば、結社の自由は脅かされてしまいます。私はそんなことは望みません。

とはいえ、裁判所の審査権が及ぶ場合もあるのではないでしょうか。例えば、党の規約には党員の義務として「決定されたことは、みんなでその実行にあたる」と書かれており、常識的な規定のように思えます。しかし、極端な例になりますが、犯罪に当たるようなことが決定され、それを党員が批判して処分された場合も、審査権は及ばないのでしょうか。

あるいは綱領に関しても、例えばかつて共産党の分裂時に一方の側が採択した暴力革命路線の綱領を、現時点でどこかの党が採択することになった場合はどうでしょうか。暴力革命という違法な決定に従わず、決定を批判する本を出版して除名されても、裁判所の審査権は及ばないのでしょうか。

そんなことはないはずです。その「決定」の範囲、内容次第だと思うのです。

ましてや私は、綱領や規約が間違っていると批判しているのではなく、共産党にとってもっとも大事な決定である綱領と規約を守ることを明確にして著作を刊行したのであって、それなのに除名が正当化されることになれば、出版の自由は深刻に脅かされることになります。結社の自由と出版の自由は対立することになってしまいます。

こうした見地から、裁判所には、党員としての私の地位を確認していただきたいのです。

名誉の回復のためにも除名撤回を

除名されて以降、共産党の機関紙「赤旗」は、私に対してさんざん名誉毀損を行ってきました。その一部はすでに証拠として提出しています。

私の反論は「赤旗」には掲載されず、再審査のために党大会に提出した請求書も約六五〇人の代議員の誰一人にも配られなかったため、私が綱領・規約を攻撃しているという虚構が党員の間で定着しています。私と会おうとする党員の友人・知人は、党機関から「党破壊者である松竹と会うことは、あなたの党員としての資格に関わる」と告げられます。

このような現状からして、私の名誉を回復する道も、私の党員としての地位が裁判で確認される以外にありません。

この点の賢明な判断をお願いし、意見陳述を終わります。ありがとうございました。

私が共産党に優っているのは共産党の潜在的な力への確信である

以上、私が頭のなかで想像した意見陳述である。実際に当日（六月二〇日）の陳述をどんなものにするかは、弁護人や支援者の意見も聞いてから最終的に決めるので、まったく同じにはならないかもしれないが、そんなに違ったものにはならないと思う。

その日をもって、ということはこの本の刊行日をもって、私の裁判闘争は実質的に開始される。いったいどれほどの時間と労力が必要なのか、裁判を経験したことのない私には、さっぱり分からない。

簡単でないことだけは自覚できる。何といっても、最高裁判例を覆さなければならないからだ。共産党の側は（私もだが）、一審や二審で敗訴したとしても、それで屈することは絶対にない。しかも、出だしから二カ月もの期日延期である。そんな戦術がくり返されると、組織の後ろ盾のない私には資金的な余裕もどんどんなくなっていくし、肉体的な消耗度も半端ではない。

しかし、私が共産党に優っていると考えていることが一つだけある。それは、共産党がしっかりしないと、この日本は良くならないということへの思いの強さである。共産党が秘める潜在的な力への確信である。その点では志位和夫議長や田村智子委員長にも負けない。私を支えているのは、ただそれだけだと言って良い。

共産党の綱領はこんなに豊かで、いろいろな考え方の人、政治的立場の異なる人の共感を得ることができるものなのに、非常に狭く解釈されている。その結果、共産党は特殊な政党だと見られている。共産党の規約はこんなに自由な党をめざしていて、党員の創意工夫が発揮されるような運営を想定しているのに、実際には規律と統制が優先されてしまっている。その結果、共産党はいまだに怖い政党だと思われている。

そういう状態から脱するために、綱領と規約をまっさらな目でもう一度見つめてみようよ。過去のしがらみから離れて、綱領と規約の文面そのものから大事なことをつかみ直そうよ。そして綱領と規約通りの党をいっしょにつくろうよ。そうすれば、共産党は、左から右までいろいろな人をつなぐ場となり、政治を変える力を発揮することができる——。

裁判ではそのことを訴えていきたい。裁判の結果として私の復党が認められれば、そこに向かって前進するはずである。けれども、できることならば、そのような外部の力に影響されるのではなく、共産党のなかから変わる力がわき起こってくることがベストである。

この本が、そして裁判の経過が、そのために役立てば幸いである。

この本に注目し、出版を決断してくれた文春新書の西本幸恒編集長には、心からの感謝の気持ちを伝えたい。編集部の大石正輝さんには、短期間でタイトな編集作業を強いることになったが、いつも正確な助言を頂き、同じく感謝の言葉しかない。

私の除名をめぐる問題は、一つの政党の、そのまた内部の問題でしかないと思われがちである。けれども、この問題がじつは日本のあり方に一石を投じるものであることを、本の普及を成功させることによって証明し、お二人の厚意に報いることができればうれしい。

松竹伸幸（まつたけ　のぶゆき）

1955年長崎県生まれ。一橋大学社会学部卒業。ジャーナリスト・編集者。かもがわ出版編集主幹、日本平和学会会員、「自衛隊を活かす会」（代表・柳澤協二）事務局長。専門は外交・安全保障。『反戦の世界史』（新日本出版社）、『９条が世界を変える』（かもがわ出版）、『レーニン最後の模索』（大月書店）、『憲法九条の軍事戦略』『対米従属の謎』（いずれも平凡社新書）、『慰安婦問題をこれで終わらせる。』（小学館）、『改憲的護憲論』（集英社新書）、『「異論の共存」戦略』（晶文社）、『シン・日本共産党宣言』（文春新書）など著書多数。

文春新書

1461

私《わたし》は共産《きようさん》党《とう》員《いん》だ！

シン・日《に》本《ほん》共産《きようさん》党《とう》宣言《せんげん》Ⅱ

2024年６月20日　第１刷発行

著　者　松竹伸幸

発行者　大松芳男

発行所　株式会社　文藝春秋

〒102-8008　東京都千代田区紀尾井町3-23

電話（03）3265-1211（代表）

印刷所　大日本印刷

製本所　大口製本

定価はカバーに表示してあります。

万一、落丁・乱丁の場合は小社製作部宛お送り下さい。

送料小社負担でお取替え致します。

ISBN978-4-16-661461-5

文春新書

◆世界の国と歴史

完全版 ローマ人への質問　塩野七生
歴史とはなにか　岡田英弘
常識の世界地図　21世紀研究会編
食の世界地図　21世紀研究会編
新・民族の世界地図　21世紀研究会編
カラー新版 地名の世界地図　21世紀研究会編
カラー新版 人名の世界地図　21世紀研究会編
フランス7つの謎　小田中直樹
一杯の紅茶の世界史　磯淵　猛
新約聖書Ⅰ　新共同訳 佐藤　優解説
新約聖書Ⅱ　新共同訳 佐藤　優解説
佐藤優の集中講義 民族問題　佐藤　優
池上彰の宗教がわかれば世界が見える　池上　彰
新・戦争論　池上　彰 佐藤　優
大世界史　池上　彰 佐藤　優
新・リーダー論　池上　彰 佐藤　優

グローバルサウスの逆襲　池上　彰 佐藤　優
独裁者プーチン　名越健郎
韓国併合への道 完全版　呉　善花
侮日論　呉　善花
韓国「反日民族主義」の奈落　呉　善花
イスラーム国の衝撃　池内　恵
グローバリズムが世界を滅ぼす　エマニュエル・トッド ハジュン・チャン 柴山桂太・中野剛志・藤井聡・堀茂樹
「ドイツ帝国」が世界を破滅させる　エマニュエル・トッド 堀　茂樹訳
シャルリとは誰か？　エマニュエル・トッド 堀　茂樹訳
問題は英国ではない、EUなのだ　エマニュエル・トッド 堀　茂樹訳
老人支配国家 日本の危機　エマニュエル・トッド
第三次世界大戦はもう始まっている　エマニュエル・トッド 大野　舞訳
トッド人類史入門 西洋の没落　エマニュエル・トッド 片山杜秀・佐藤　優
中国4・0　エドワード・ルトワック 奥山真司訳
戦争にチャンスを与えよ　エドワード・ルトワック 奥山真司訳
日本4・0　エドワード・ルトワック 奥山真司訳
ラストエンペラー習近平　エドワード・ルトワック 奥山真司訳
世界最強の地政学　奥山真司

リーダーシップは歴史に学べ　山内昌之
地経学とは何か　船橋洋一
地政学時代のリテラシー　船橋洋一
大学入試問題で読み解く「超」世界史・日本史　片山杜秀
ベートーヴェンを聴けば世界史がわかる　片山杜秀
戦争を始めるのは誰か　渡辺惣樹
第二次世界大戦 アメリカの敗北　渡辺惣樹
韓国を支配する「空気」の研究　牧野愛博
金正恩と金与正　牧野愛博
知立国家 イスラエル　米山伸郎
「中国」という神話　楊　海英
独裁の中国現代史　楊　海英
ジェノサイド国家中国の真実　于田ケリム 楊　海英
人に話したくなる世界史　玉木俊明
16世紀「世界史」のはじまり　玉木俊明
トランプ ロシアゲートの虚実　小川　聡 東　秀敏
世界史の新常識　文藝春秋編
ヘンリー王子とメーガン妃　亀甲博行

コロナ後の世界　ジャレド・ダイアモンド　ポール・クルーグマン　リンダ・グラットン　マックス・テグマーク　スティーブン・ピンカー　スコット・ギャロウェイ　大野和基編

コロナ後の未来　ユヴァル・ノア・ハラリ　カタリン・カリコ　ポール・ナース　リンダ・グラットン　リチャード・フロリダ　スコット・ギャロウェイ　イアン・ブレマー　大野和基編

パンデミックの文明論　ヤマザキマリ　中野信子

盗まれたエジプト文明　篠田航一

歴史を活かす力　出口治明

世界一ポップな国際ニュースの授業　藤原帰一　石田衣良

悲劇の世界遺産　井出　明

シルクロードとローマ帝国の興亡　井上文則

いまさら聞けないキリスト教のおバカ質問　橋爪大三郎

プーチンと習近平　独裁者のサイバー戦争　山田敏弘

ウクライナ戦争の200日　小泉　悠

終わらない戦争　小泉　悠

大人の学参　まるわかり世界史　津野田興一

大人の学参　まるわかり近現代史　津野田興一

ウクライナ戦争はなぜ終わらないのか　高橋杉雄編著

中国「軍事強国」への夢　劉　明福　峯村健司監訳　加藤嘉一訳

教養の人類史　水谷千秋

◆政治の世界

民主主義とは何なのか　長谷川三千子

司馬遼太郎　リーダーの条件　半藤一利・磯田道史　鴨下信一他

自滅するアメリカ帝国　伊藤　貫

新しい国へ　安倍晋三

日本に絶望している人のための政治入門　三浦瑠麗

あなたに伝えたい政治の話　三浦瑠麗

政治を選ぶ力　橋下　徹　三浦瑠麗

日本の分断　三浦瑠麗

国のために死ねるか　伊藤祐靖

田中角栄　最後のインタビュー　佐藤　修

日本よ、完全自立を　石原慎太郎

内閣調査室秘録　志垣民郎　岸　俊光編

軍事と政治　日本の選択　細谷雄一編

兵器を買わされる日本　東京新聞社会部

県警VS暴力団　藪　正孝

地方議員は必要か　NHKスペシャル取材班

知事の真贋　片山善博

政治家の覚悟　菅　義偉

小林秀雄の政治学　中野剛志

枝野ビジョン　支え合う日本　枝野幸男

検証　安倍政権　アジア・パシフィック・イニシアティブ

安倍総理のスピーチ　谷口智彦

統一教会　何が問題なのか　文藝春秋編

シン・日本共産党宣言　松竹伸幸

私は共産党員だ！　松竹伸幸

なぜ日本は原発を止められないのか？　青木美希

中国「戦狼外交」と闘う　山上信吾

池田大作と創価学会　小川寛大

文春新書のロングセラー

磯田道史
磯田道史と日本史を語ろう
日本史を語らせたら当代一！　磯田道史が、半藤一利、阿川佐和子、養老孟司ほか、各界の「達人」を招き、歴史のウラオモテを縦横に語り尽くす
1438

エマニュエル・トッド　大野　舞訳
第三次世界大戦はもう始まっている
ウクライナを武装化してロシアと戦う米国によって、この危機は「世界大戦化」している。各国の思惑と誤算から戦争の帰趨を考える
1367

阿川佐和子
話す力
心をつかむ44のヒント
初対面の時の会話は？　どう場を和ませる？　話題を変えるには？　週刊文春で30年対談連載するアガワが伝授する「話す力」の極意
1435

牧田善二
認知症にならない100まで生きる食事術
認知症になるには20年を要する。つまり、30歳を過ぎたら食事に注意する必要がある。認知症を防ぐ日々の食事のノウハウを詳細に伝授する！

1418

橘　玲
テクノ・リバタリアン
世界を変える唯一の思想
とてつもない富を持つ、とてつもなく賢い人々が蝟集するシリコンバレー。「究極の自由」を求める彼らは世界秩序をどう変えるのか？
1446

文藝春秋刊